CONTROLES E AUTONOMIA

FUNDAÇÃO EDITORA DA UNESP

Presidente do Conselho Curador
Marcos Macari

Diretor-Presidente
José Castilho Marques Neto

Editor Executivo
Jézio Hernani Bomfim Gutierre

Conselho Editorial Acadêmico
Antonio Celso Ferreira
Cláudio Antonio Rabello Coelho
Elizabeth Berwerth Stucchi
Kester Carrara
Maria do Rosário Longo Mortatti
Maria Encarnação Beltrão Sposito
Maria Heloísa Martins Dias
Mario Fernando Bolognesi
Paulo José Brando Santilli
Roberto André Kraenkel

Editores Assistentes
Anderson Nobara
Denise Katchuian Dognini
Dida Bessana

SAMUEL ALVES SOARES

Controles e autonomia

As Forças Armadas e o Sistema Político Brasileiro (1974-1999)

© 2006 Editora UNESP

Direitos de publicação reservados à:
Fundação Editora da UNESP (FEU)
Praça da Sé, 108
01001-900 – São Paulo – SP
Tel.: (0xx11) 3242-7171
Fax: (0xx11) 3242-7172
www.editoraunesp.com.br
feu@editora.unesp.br

CIP – Brasil. Catalogação na fonte
Sindicato Nacional dos Editores de Livros, RJ

S656c

Soares, Samuel Alves
  Controles e autonomia: as Forças Armadas e o sistema político brasileiro (1974-1999) / Samuel Alves Soares. São Paulo: Editora UNESP, 2006

  Inclui bibliografia
  ISBN 85-7139-625-6

  1. Brasil - Forças Armadas - História. 2. Brasil - Política e governo, 1974-1979. 3. Controle civil do poder militar - Brasil. 4. Relações entre civis e militares - Brasil. 5. Militares - Brasil - Atividades políticas. 6. Militarismo - Brasil. 7. Democracia. I. Título.

06-3881   CDD 322.50981
                                      CDU 323.2(81)

Este livro é publicado pelo projeto *Edição de Textos de Docentes e Pós-Graduados da UNESP* – Pró-Reitoria de Pós-Graduação da UNESP (PROPG) / Fundação Editora da UNESP (FEU)

Editora afiliada:

Asociación de Editoriales Universitarias de América Latina y el Caribe

Associação Brasileira de Editoras Universitárias

A democracia seria uma palavra bastante pobre se não tivesse sido definida nos campos de batalha nos quais tantos homens e mulheres combateram por ela. E se temos necessidade de uma definição consistente de democracia, é, em parte, porque é preciso manifestá-la contra aqueles que, em nome das antigas lutas democráticas, tornaram-se ou ainda permanecem servidores do absolutismo ou da intolerância. Já não queremos uma democracia de participação; não podemos nos contentar com uma democracia de deliberação; temos necessidade de uma democracia de libertação.

Alain Touraine, O que é a democracia?

Para a Nina, Rodrigo e Thomas,
um pouco de onde não estive.

.

Sumário

Agradecimentos   11
Introdução   15

1 As relações civil-militares na teoria política   35
2 Transições de regimes autoritários   57
3 Pós-transição: Forças Armadas e os primeiros governos civis eleitos   111
4 Pós-transição: mecanismos de controle e o novo profissionalismo militar   151

Considerações finais   195
Referências bibliográficas   207

AGRADECIMENTOS

"O pesadume, a inércia, a opacidade do mundo", para usar expressões de Calvino para se referir à literatura, "se aderem à escrita, quando não encontramos um meio de fugir a elas". A leveza é a resposta, mas somente possível quando a tarefa não é isolada e não se isola. Nos trajetos de uma tese – a primeira versão deste livro – encontram-se os que tornaram o peso mais suportável, e outros ainda que o tornaram leve. Tive e tenho o privilégio da amizade de pessoas adeptas da leveza. A todas elas minha gratidão, mesmo que não sejam citadas.

A trajetória intelectual muito se deve à Universidade de São Paulo, aos professores, funcionários e colegas de um caminho que se iniciou na graduação. A seriedade, o compromisso pelo conhecimento, a ética nas relações, os colóquios de aprofundamento são marcas indeléveis. Agradeço a todos e mais especificamente àqueles do Departamento de Ciência Política.

Ao longo do trajeto de pesquisa tive a especial oportunidade de participar do Núcleo de Estudos Estratégicos da Universidade de Campinas, que se constituiu em um espaço de aprendizagem e troca. Boa parte dos dados obtidos deve-se à participação na pesquisa sobre Forças Armadas e Poder Legislativo na Democracia. Viagens de pesquisa, seminários, discussões temáticas constituíram uma experiência de fundamental importância. Ao Manduca, Iara, Adriana, Paulo, Alexandre, Cláudio, Jadison, Sílvia e Wagner meu intenso obrigado pelo apoio e pela força.

A Evangelina Soeiro, grato por proporcionar condições para o recolhimento necessário para a finalização do trabalho. A Fabíola Brigante Del Porto, prestimosa auxiliar de pesquisa, pelo levantamento e organização de dados, pela paciência e competência, agradeço. Ao João Ricardo de Souza, consultor legislativo, pelo valioso auxílio e apoio na Câmara de Deputados, meus agradecimentos.

Aos meus colegas da Universidade Estadual Paulista – Unesp/Franca – um tributo singular, pela convivência, pelo estímulo, pela amizade. Aos estudantes do curso de Relações Internacionais pela energia e entusiasmo contagiantes.

Tenho uma profunda e especial gratidão às seguintes pessoas:

– a Eliézer Rizzo de Oliveira, então coordenador do Núcleo de Estudos Estratégicos, pelas inúmeras chances, pelo diálogo profícuo, pelo aprendizado. Sempre generoso, concedeu-me espaços para um maior amadurecimento e compreensão mais distanciada do objeto de estudo de nossas pesquisas;

– a Héctor Saint-Pierre, pelas inúmeras sugestões nos momentos cruciais da pesquisa, indicando, com a precisão que lhe é peculiar, rumos gerais do projeto;

– a Suzeley Kalil Mathias, mais uma vez uma leitora atenta e perspicaz, uma colega sempre generosa. Disponibilidade, criticidade, transparência e retidão são algumas de suas qualidades. Uma visão abrangente da temática deve-se às suas observações e sugestões;

– a Eduardo Mei, um amigo de todas as horas, devo-lhe a revisão rigorosa e criteriosa do texto. Mais do que a formalidade estética, suas ricas e valiosas contribuições constituem parcela fundamental e essencial deste trabalho. Quiçá possa retribuir tamanha dedicação;

– a Leonel Itaussu Almeida Mello, orientador e mestre, pela paciência, incentivo e transparência. Foram quase dez anos de

convívio e muito aprendi com sua postura ética e comprometimento com as atividades acadêmicas. Um exemplo;
- aos membros da banca examinadora, Sedi Hirano, Cláudio Vouga, Eliézer Rizzo de Oliveira e Suzeley Kalil Mathias, os comentários e sugestões ao texto original.
- a todos de minha família, pela compreensão, pelo estímulo contagioso, mesmo a distância.

A pesquisa contou com o apoio do Conselho Nacional de Pesquisa e Desenvolvimento.

Introdução

Os processos de construção da democracia no Brasil têm deparado, entre tantos desafios, com a problemática da *autonomia* e do controle civil das Forças Armadas. A questão é relevante, dado o acentuado peso político do aparelho militar, que se manifesta antes mesmo do período republicano e se aprofunda a partir da Revolução de 30. A consolidação da democracia depende, no que concerne às relações civil-militares, de um determinado grau de subordinação das Forças Armadas ao poder civil.

A referência à subordinação dos militares não quer significar, todavia, que as Forças Armadas devam ser tratadas como um corpo estranho ao mundo da política. Compondo a estrutura estatal, o aparelho militar deve ser analisado em sua *interação* com o sistema político. As transições de regimes autoritários constituem fases delicadas das interações que se estabelecem entre distintos atores políticos do sistema, mormente quando aqueles regimes possuem forte predominância militar ou ainda mais quando o papel exercido pelas Forças Armadas está institucionalizado por uma inserção política de natureza protagônica.

Entretanto, dado que as transições são incertas quanto aos resultados, pois podem ocorrer retrocessos a outras formas não democráticas[1], a questão da supremacia civil se insere como um dos desafios da *consolidação* da democracia, o que implica um processo de construção de condições para que se efetive o controle civil, entre as quais o estabelecimento de mecanismos que garantam a subordinação do poder militar ao poder civil. O sistema político, nessas circunstâncias, apresenta baixa institucionalização e questões diversificadas apresentam-se à agenda, dentre as mais relevantes, aquelas relativas à busca de uma atuação consentânea das Forças Armadas ao novo regime que se instaura. Embora não suficiente, a supremacia civil é uma regra necessária para que o processo tenha êxito.

Mas em que medida, no período de 1974, o início do processo de liberalização do regime autoritário, a 1999, o término do primeiro governo de Fernando Henrique Cardoso, se estabelece essa supremacia civil? A análise da *natureza* das relações do aparelho militar e o sistema político no contexto do processo de democratização é o tema central deste trabalho, que se insere na área Forças Armadas-Estado-Sociedade, de modo a entender como essa relação afeta a consolidação da democracia no Brasil.

Nesse quadro, a *hipótese* é que são criados ou mantidos espaços de autonomia das Forças Armadas em relação ao Sistema Político, ou *esferas de autonomia*, ainda que mecanismos de controle se tenham estabelecido no período. Diferentemente do período 1946-1964, durante o qual as Forças Armadas se consolidaram como um ator político relevante, com uma autonomia francamente orientada para o exercício do poder político, no período considerado a autonomia tende mais para questões institucionais – uma *autonomia autárquica* –, mas de tal modo que tende, em algumas circunstâncias, a se tornar política, à medida que são preservadas determinadas condições anteriores a partir da criação de novos espaços autônomos ou mantidos aqueles já sedimentados. Em alguns casos, tanto a *função* das Forças Armadas, quanto seu *papel* – incluindo as *missões* – extrapo-

---

[1] Utilizam-se aqui os conceitos de transição e de democratização propostos em O'Donnell, Guillermo, Schmitter, Philippe, Whitehead, Laurence. *Transições do regime autoritário*. Vértice: São Paulo, 1986.

lam os limites adequados para a consolidação da democracia, visto *que não se estabelece uma efetiva supremacia do poder civil sobre o poder militar em distintos campos da esfera de tomada de decisões.*

Os motivos da permanência de uma relativa autonomia estão vinculados às escolhas, decisões e ações dos atores envolvidos e devem-se basicamente aos seguintes fatores:

a) o tipo de transição que ocorreu no país no período considerado, que preservou o poder militar e o manteve em nível considerável, mesmo em questões que, em uma democracia consolidada, estariam vinculadas estritamente ao âmbito civil. A tipologia das transições inscreve o caso brasileiro como uma transição pactuada. Pode ser assim considerada à medida que os atores civis concordaram com o encaminhamento apresentado pelos próceres do regime militar, mas não se pode esquecer que os prazos e limites da transição foram monopolizados por estes últimos;

b) no período considerado, as Forças Armadas constituíam a última reserva de poder a ser utilizada quando, no entendimento de determinados atores do sistema político, as instituições democráticas se mostrassem insuficientes para o restabelecimento de um estado, considerado pelos mesmos atores, de entropia social e política. Para que esse papel fosse preservado, o poder civil se abstraía de adotar decisões que limitassem a autonomia militar em vários campos;

c) dada a relativa dimensão política do país em âmbito internacional, as questões inerentes à defesa não atingiam um patamar de prioridade para o sistema político. Em decorrência, a temática sobre militares é entendida como "questão militar" e não constitui capital eleitoral significativo. A indústria bélica, por exemplo, embora tenha passado por uma fase de crescimento na década de 1980, sofreu drástica redução e se apresentava fragilizada como setor relevante para o desenvolvimento. Em conseqüência, havia uma discreta ou mesmo inexistente participação do empresariado e do movimento sindical nas questões de defesa e também nas militares;

d) o sistema político se apresentava bem mais sensível às questões de Segurança Pública e, com freqüência, a atenção se voltava às Forças Armadas como recurso final para emprego na manutenção da ordem pública, e o debate sobre as questões de defesa tornava-se ainda mais atenuado;

e) as relações entre o Poder Executivo e o Poder Legislativo no sistema político brasileiro assumem determinadas características, e no campo da Defesa Nacional e nos outros considerados correlatos, as formas de atuação dos dois poderes permitiram a formação de um vácuo de poder que ambos não ocuparam. Nem o Executivo tampouco o Legislativo atuaram em áreas consideradas, erroneamente, de natureza estritamente militar. Espaços vazios de poder tendem a ser ocupados e são as Forças Armadas que acabam por fazê-lo;

f) a história política brasileira consolidou, entre os militares, principal, mas não exclusivamente, a mentalidade de que a instituição militar deve encarregar-se da proteção da sociedade e do Estado. Ainda que venha se modificando, essa mentalidade os arroga no direito, entendido como dever, de proteger a *Nação*;

g) em decorrência, estruturas necessárias à supremacia civil não foram estabelecidas, e, dessa forma, as Forças Armadas consolidam-se como instituições que detêm poder de decisão e de veto nas definições de estratégias políticas próprias do poder civil e de temas relativos à Defesa Nacional e a outros assuntos, indicando que o *papel* militar se firmou com maior amplitude do que o previsto em sua destinação constitucional;

h) o somatório desses fatores indica que o exercício da *autoridade* do poder civil sobre o poder militar não se estabeleceu em nível suficiente para caracterizar a supremacia civil.

Essa conformação sinaliza que, embora haja mudanças em curso, o processo político no período aponta mais para continuidades do que para ruptura do papel político dos militares em relação à fase em que detiveram diretamente o poder. No período pós-autoritário, as Forças Armadas mantiveram *esferas de autonomia*, originadas e consolidadas ao longo dos regimes anteriores ou mesmo estabelecidas posteriormente.

O controle civil sobre o poder militar é próprio de um regime democrático consolidado, implicando a restrição da *autonomia política* do aparelho militar. Entretanto, pode ocorrer que os militares não ultrapassem os limites de uma *autonomia institucional*, tentando conquistar o controle direto do poder político ou usurpar os poderes garantidos pela Constituição às lideranças civis no processo de tomada de decisão política, mas ainda assim possam preservar certas prerrogativas contrárias à democracia. As *esferas de autonomia* referem-se à área indefinida entre os extremos da autonomia política e da autonomia institucional ou autárquica. Ainda assim, muitos aspectos que, à primeira vista, constituem meramente a manutenção de espaços próprios para conduzir os trâmites administrativos decorrentes de qualquer aparelho de Estado e que são entendidos como necessários para a continuidade do gerenciamento das Forças Armadas podem ter significados que ultrapassam essa tênue linha do que seria esperado de uma burocracia estatal: que funcionários do Estado cumpram fielmente as ordens emanadas, ainda que os fins últimos da política para cuja realização eles concorrem lhes escapem ou não lhes sejam convenientes. A ultrapassagem desses limites pode caracterizar que autonomias vislumbradas como autárquicas signifiquem inserção na tomada de decisões específicas do poder civil. Ao contrário, quanto mais essas esferas se aproximam da autonomia institucional *stricto sensu*, tanto mais se afirma o controle civil sobre o aparelho militar.

A consolidação da democracia, no que toca aos militares, radica necessariamente na redefinição do arcabouço institucional nos anos iniciais do novo regime. A configuração e o formato dependem do tipo de transição que ocorreu e que forças a sustentaram ou manipularam. Sua análise implica se considerar os *custos* e *benefícios* para os atores envolvidos[2], e de como esses atores se constituem e interagem

---

2 Santiso, Jean. La democratie incertaine: la theorie des choix rationnels et la democratisation en Amérique latine. *Revue Française de Science Politique*, v. 43, n. 6, dez. 1993. p.970-993.

dentro de um contexto histórico e institucional que eles mesmos contribuem para produzir e reproduzir. São os atores e as estratégias que definem o espaço qualitativo fundamental no qual a democracia pode se processar, o que remete às características do sistema político.

Quanto ao conceito de sistema político, para Robert Dahl[3], um sistema político é qualquer estrutura persistente de relações humanas que envolva controle, poder ou autoridade. Todavia, o uso dessa concepção teórica traria dificuldades para a análise em virtude de seu caráter excessivamente inclusivo. Optou-se por buscar apoio em David Easton, Alain Touraine e Umberto Cerroni.

David Easton[4] considera a necessidade de isolar alguns aspectos das relações sociais, abstrair de todo o sistema social algumas variáveis, de modo a simplificar os dados para a análise. Nesse sentido, um sistema político distingue-se de outros pela capacidade de alocar, autoritariamente – provenientes de uma autoridade –, valores para uma sociedade[5] e tornar esses valores obrigatórios e vinculados[6]. As interações entre o sistema e o ambiente mais abrangente ocorrem através de um fluxo de entradas e saídas, estabelecidas pelos membros do sistema político, aqueles que exercem papéis políticos.

Para Alain Touraine[7] o sistema político é distinto da sociedade civil e do Estado, cabendo-lhe estabelecer a relação entre estes pólos, devendo ser, portanto, o espaço próprio da democracia. Por outro lado, Cerroni[8] entende um sistema político como a interação entre sujeitos políticos – como os partidos –, combinado com o sistema de representação política e com a competição entre grupos sociais organizados, de instituições estabilizadas, de parâmetros constitu-

---

3 Dahl, Robert. *Análise política moderna*. Brasília: Ed. Universidade de Brasília, 1981.
4 Easton, David. *The political system*: an inquiry into the state of political science. New York: Alfred Knopf, 1967
5 Idem.
6 Easton, David. *A system analysis of political life*. New York: John Wiley & Sons, 1965.
7 Touraine, Alain. *O que é a democracia?* 2. ed. Petrópolis: Vozes, 1996.
8 Cerroni, Umberto. *Política*: métodos, teorias, processos, sujeitos, instituições, categorias. São Paulo: Brasiliense, 1993.

cionais e mesmo processos culturais que ampliam e alteram as consciências individuais, de forma a induzir mudanças em situações políticas consolidadas. O sistema político é resultado da formação do Estado nacional representativo e sua gênese é condicionada pela existência de liberdades políticas e civis. O sistema político reflete, dessa forma, a dinâmica do processo histórico-social, mas busca fixar algumas de suas características pelo menos em determinados períodos. Um traço básico desse conceito é a perspectiva do sistema como um processo, de modo que a dinâmica permita a fluidificação de situações políticas consolidadas.

Adota-se aqui um conceito que compreende a concepção de Cerroni adicionada à clareza da distinção apresentada por Touraine, com os cuidados metodológicos sugeridos por Easton. Assim sendo, ao se tratar da inserção das Forças Armadas no sistema político, consideram-se as relações entre inúmeros sujeitos e instituições políticas relacionadas, no quadro do estatuto da normatividade jurídica e das características histórico-culturais do país. Essa concepção permite maior flexibilidade analítica, não restrita a uma relação centrada na sociedade civil ou ao Estado.

Um sistema político caracteriza-se exatamente por constituir-se como uma instituição maior do que as instituições menores que o compõem e articula-se a partir das "demandas" e "respostas", conforme a análise empreendida por David Easton. Decerto interferem nessas demandas e respostas um *ethos* próprio da sociedade e valores que a conformam, como também importa analisar o padrão das demandas e a efetividade das respostas, o que inclui os recursos empregados para produzir maior ou menor satisfação às exigências. Há mecanismos seletivos que se interpõem entre as demandas e as respostas, conforme a importância atribuída para o próprio funcionamento do sistema. Esses mecanismos de filtragem são efetivados por processos políticos e a esfera do poder é seu principal delineador.

Com mais exatidão, David Easton[9] distingue três categorias de *inputs*. As *demandas* são formuladas pelos partidos políticos, grupos

---

9 Op. cit.

de pressão ou outros tipos de manifestação. As demandas derivam de uma situação percebida como *déficit* por parte desses atores, isoladamente ou em combinação. Essas demandas passam por diferentes filtragens que constituem os processos de decisão.

Os *recursos* são o segundo grupo de *inputs*. Configuram a capacidade de ação do sistema, do que decorre uma variedade de decisões possíveis. Por fim, os *constrangimentos* constituem os limitadores da ação, podendo ser externos ou internos ao sistema considerado.

Na análise empreendida neste trabalho, cabe identificar as demandas originadas dos partidos e outros grupos de interesse ou pressão, como também pelo aparelho militar ao sistema político. É com base nessa tipologia que o grau de autonomia será identificado.

Deve-se levar em conta, ademais, que um sistema é um instrumento conceitual ou um conjunto de abstrações para descrever uma parcela da realidade e contribuir para torná-la mais compreensível. Participam desse sistema os *componentes* cujos estados variam; as *relações* que são manifestas na ação de compelir a concorrência dos componentes; as *transformações* de acordo com as quais algumas relações implicam outras relações no tempo e espaço.[10] Por meio da análise sistêmica podem-se estudar os componentes de determinada categoria em particular, não perdendo a sua dimensão de interação conjuntural dentro de determinada unidade de análise. A transformação essencial no âmbito deste trabalho refere-se ao grau de autonomia do aparelho militar.

A *autonomia política* dos militares compreende a capacidade de definir interesses, de antecipar-se em relação ao desenvolvimento de conjunturas e de tomar iniciativas políticas relevantes, as quais condicionam o campo de luta política no âmbito do Estado e das lutas sociais.[11] Pode significar, no limite, uma aversão e até o desafio castrense ao controle civil. Já uma *autonomia institucional* diz respeito

---

10 Krippendorf, Klaus. *Content analysis an Introduction to its methodology*. London: Sage Publications, 1986. p.35.
11 Ver Oliveira, Eliézer Rizzo de. *De Geisel a Collor:* Forças Armadas, transição e democracia. Campinas: Papirus, 1994.

aos espaços próprios em que as instituições do Estado adotam procedimentos que tratam de questões administrativas internas ou mesmo quando atuam politicamente para a busca de seus interesses, desde que se limitando a assuntos que não ultrapassem o seu campo de atuação. É um campo da independência e exclusividade profissionais dos militares. A autonomia situa-se em um *continuum* que se estabelece desde a mera defesa de interesses corporativos até confrontos diretos com o poder político, atingindo, no limite, a direção hegemônica do poder político por parte do aparelho militar.

Quanto à distinção entre *função* e *papel*, considera-se a primeira como a destinação legal e jurídica estabelecida nas normas constitucionais relativas às Forças Armadas. Já papel refere-se à atuação efetiva das instituições militares no processo político. Para as finalidades deste trabalho, as questões relativas às *esferas de autonomias* do aparelho militar serão analisadas em âmbitos distintos de tomadas de decisões: expectativas do sistema político sobre a *função*, *papel* e *missões* atribuídas às Forças Armadas; participação de civis na organização da defesa; dimensão das forças, custo econômico e controle sobre recursos; capacidade de ordenamento e fiscalização do Congresso sobre as Forças Armadas; decisões sobre pessoal; foros especiais para militares; produção de informações de inteligência; segurança interna; educação e doutrina militar.[12]

O processo efetivo de tomada de decisões pode ser, no que se refere às Forças Armadas, unilateral, conjugado ao poder civil ou exclusivo deste. Essas dimensões da autonomia podem se configurar em projetos militares ofensivos ou defensivos. Serão ofensivos quando o propósito for ostensivamente político, na busca por limitar as prerrogativas do poder civil, fortalecendo a própria capacidade do

---

12 São modelos adaptados de Pion-Berlin, David. Autonomia militar y democracias emergentes en America del Sur. In: López, Ernesto. Pion-Berlin, David. *Democracia y cuestión militar*. Buenos Aires: Universidad Nacional de Quilmes, 1995, e também Iglesias, Carlos. Basombrio. Militares y democracia en la America Latina de los noventa. Paper apresentado na reunião do projeto "La Cuestión Cívico-Militar en las Nuevas Democracias de America Latina", Buenos Aires, 22 de maio de 1997.

aparelho militar de tomar decisões. Será defensivo – meta mais institucional – ao se constituir como meio para proteger o núcleo das funções profissionais dos militares contra a ingerência externa.[13] Os militares expressam o "desejo de isolamento, de autonomia e autogoverno dentro de sua esfera".[14]

Do ponto de vista analítico, as concepções sobre as relações entre o aparelho militar e as esferas mais amplas da sociedade e do Estado podem ser resumidas a dois grandes grupos, reconhecidos ora pela ênfase no caráter *instrumental*, ora pelo aspecto *organizacional* com que relacionam o Exército – e por extensão as Forças Armadas – ao sistema político e à sociedade.

A concepção instrumental compreende, em essência, o vínculo da atuação política do Exército a interesses de classe ou grupos. Reforçando as condicionantes exógenas para explicar o comportamento militar, essas explicações identificam as intervenções militares principalmente pela defesa dos interesses das classes dominantes, uma percepção instrumental do ponto de vista de classe[15]. Ou, se não há uma identificação com a classe dominante, há perspectivas que entendem existir um forte vínculo entre a classe média e as instituições militares[16], reforçando a tese da origem social dos membros das Forças Armadas como fator determinante na explicação de seu comportamento político.

Também pela perspectiva externa ao aparelho militar, encontram-se autores que vinculam o *papel* do Exército à fragilidade do

---

13 Estas distinções são trabalhadas por Agüero, Felipe. Las Fuerzas Armadas en una epoca de transición: perspectivas para el afianzamiento de la democracia en América Latina. Paper apresentado na reunião do projecto "La Cuestión Cívico-Militar en las Nuevas Democracias de America Latina", Buenos Aires, 22 de maio de 1997.

14 Finer, Samuel. *The man on Horseback*: the role of the military in Politics. 2. ed. Boulder: Westview Press, 1969. p.47.

15 Sodré, Nelson Werneck. *A história militar do Brasil*. Rio de Janeiro: Civilização Brasileira, 1965; Ianni, Octávio. *O colapso do populismo no Brasil*. Rio de Janeiro: Civilização Brasileira, 1968.

16 Nun, José. The middle class military coup. In: Veliz, C. *The politics of conformity in Latin America*. Oxford: Oxford University Press, 1967.

sistema político. As intervenções militares seriam decorrentes de uma estrutura política débil e de um sistema de poder fragmentado, em que os inúmeros vazios são ocupados por um número significativo de instituições.[17] Em tais circunstâncias, às instituições militares cabe o *papel* de intervenção para "sanear a ordem e manter a harmonia social". Estas intervenções militares se inserem na lógica do pretorianismo. Enquanto as instituições políticas padecem de uma fraqueza estrutural, a sociedade é intensamente politizada, de modo que diversos atores buscam apoio dos militares com o intuito de aumentar o seu próprio poder.

Já Stepan[18] elabora um modelo no qual, em circunstâncias consideradas entrópicas pelas elites políticas, há uma admissão e mesmo o incentivo à intervenções cirúrgicas por parte do aparelho militar, cujas amplitude e duração estão condicionadas à recomposição do sistema político. Regulados os conflitos e restabelecida a ordem – intervenção considerada legítima –, os militares retornam a uma posição de vigilância. Stepan chamou a esse tipo de intervenção de Padrão Moderador para explicar as relações entre o sistema político e as Forças Armadas.

Por outro ângulo, há autores que privilegiam uma abordagem *organizacional* ou *institucional*, verificando nas características internas das instituições militares os pontos de apoio que explicariam as intervenções. Neste caso, priorizam-se como centrais as características institucionais, em que o peso crescente dos interesses e necessidades da própria instituição e o contínuo distanciamento dos influxos da sociedade civil constituiriam a base para o entendimento do fenômeno intervencionista ou do *papel* desempenhado pelo Exército ao longo na vida nacional. Edmundo Campos Coelho[19], por exemplo, considera as relações que se estabelecem entre a organização e o seu meio ambiente, ou seja, a sociedade como um todo. Claramente

---

17 Huntington, Samuel. *A ordem política nas sociedades em mudança*. São Paulo: Edusp, 1975.
18 Stepan, Alfred. *Os militares na política*. Rio de Janeiro: Artenova, 1975.
19 Coelho, Edmundo Campos. *Em busca de identidade*: o Exército e a política na sociedade brasileira. Rio de Janeiro: Forense Universitária, 1976.

o enfoque se completa pela perspectiva de que os interesses de sobrevivência da organização e a construção de uma identidade própria e diferenciada do restante da sociedade é que traduzem a inserção política do aparelho militar no Brasil.

Todavia, a dissociação entre as abordagens acaba por obstar o desenvolvimento das pesquisas[20]. É inegável que uma instituição fundamentada nos princípios da hierarquia e da disciplina, além de um sistema escolar estruturado já desde o Império e cujo funcionamento se aproxima do modelo de instituição "fechada", possui um grau considerável de capacitar para a socialização profissional. As necessidades organizacionais acabam por distingui-la da sociedade ambiente (sociedade em geral), fornecendo os elementos para a formação de uma identidade singular. É fundamental para esta análise que sejam consideradas as especificidades de instituições fundamentadas nos princípios da hierarquia e da disciplina e de sua considerável capacidade para a socialização profissional e para a formação de uma identidade singular. Trata-se de uma variável explicativa que não deve ser menosprezada, mas sim relativizada, pois importa tanto conhecer as características da organização militar e seu imbricamento com a sociedade em sentido geral como também o modelo político brasileiro. Assim, ambas as abordagens são consideradas.

Por sua vez, as relações que se estabelecem entre o Exército e as classes e grupos são pontos a serem tomados nas análises. A origem social dos oficiais pode constituir-se em um fator condicionante para relações entre a oficialidade e determinados grupos. Também a segmentação da sociedade e o corporativismo fazem com que grupos distintos busquem o apoio militar em situações em que a expectativa de perda de influência gere o temor de uma perda de poder mais acentuada. Além disso, distintas conjunturas políticas aproximam projetos políticos de grupos e mesmo classes sociais a determinadas perspectivas do aparelho militar.

---

20 Peixoto, Antonio Carlos. Exército e política no Brasil: uma crítica dos modelos de interpretação. In: Rouquié, Alain. *Partidos militares no Brasil*. Rio de Janeiro: Record, 1991.

Há ainda que se considerar que as Forças Armadas, como forças políticas, não apenas refletem as condicionantes mais gerais da arena política, mas sobre elas interferem em graus variados. Portanto, uma abordagem que leve em conta o sistema político como perspectiva de análise pode ser mais fecunda e ampliar as possibilidades de melhor compreensão da interação que se estabelece entre os aparelhos militares e os sistemas políticos.

O que se enfatiza, portanto, é que a reduzida ou intensa participação dos militares nos processos políticos deve-se às singularidades da organização político-social do país. As tensões próprias da vida política interferem na maneira como se dá a inserção do aparelho militar no interior do processo. Estando abertas aos influxos externos de toda ordem, as instituições militares refletem a situação do processo político como um todo. Determinados traços da mentalidade militar, assim como as características institucionais – por exemplo a percepção do *papel* político das Forças Armadas –, devem ser examinados sob o prisma da historicidade em que se sedimentaram, o que pressupõe a existência de constantes relações entre a sociedade e as Forças Armadas[21].

Essa perspectiva conduz a uma análise que intenta relacionar o aspecto político geral às características organizacionais e à dinâmica que se estabelece entre a sociedade e as Forças Armadas, mas, como considera Alain Rouquié[22], sem deixar de manter-se atento para as próprias Forças Armadas. Há determinadas características, próprias às instituições militares, que as mantêm condicionadas e prontas à intervenção. Um tanto óbvia a afirmação de que o recurso à força constitui uma das clássicas formas de se resolverem impasses políticos, o que naturalmente indica o braço armado do Estado como instituição precipuamente aberta ao processo intervencionista. Mas não é somente a debilidade política na sociedade que orienta a ação mili-

---

21 Gwyn Harries, Jenkins, Moskos, Charles. *Las Fuerzas Armadas e la sociedad.* Madrid: Alianza Editorial,1984.
22 Rouquié, Alain. *O Estado Militar na América Latina.* São Paulo: Alfa-Ômega: 1984.

tar. Outras singularidades das Forças Armadas – tanto as relativas ao próprio *ethos burocrático* como aquelas forjadas historicamente – apresentam-se como preponderantes na análise do *papel* político dos militares na vida política nacional. Mesmo nas democracias liberais as relações entre civis e militares constituem tema recorrente quanto à existência de possíveis nichos de autonomia do aparelho militar. No caso americano, a Guerra Fria levou os civis a se embrenharem em áreas tradicionalmente militares e ao mesmo tempo houve um processo de burocratização das Forças Armadas, reduzindo a distinção civis-militares. Os civis foram se tornando cada vez mais versados em estratégias e operações militares, e os militares aproximaram-se dos padrões de gerenciamento organizacional das grandes corporações econômicas. Ocorreu um processo de "civilinização" dos militares.[23] Tanto assim que essa maior aproximação entre civis e militares vem sendo retomada mais recentemente, até o ponto de se afirmar que há dificuldades para o controle democrático do poder militar. Há situações e características que enfraquecem a democracia. A mentalidade militar, a complexidade da guerra moderna e do armamento, a velocidade dos acontecimentos mundiais, a concentração de um nível elevado de decisões nas mãos militares tornam-se elementos debilitadores do regime democrático.[24]

A realidade brasileira manteve-se distante das duas circunstâncias norte-americanas. Nem os civis estiveram, em número significativo, vinculados a assuntos de defesa e estratégia, como também os militares não adotaram posturas mais próximas às práticas civis. Por sua vez, a relativa ir relevância estratégica do país no sistema internacional não produziu, no âmbito das relações intra-estatais, situações que tenham subtraído do poder civil decisões efetivamente tomadas pelos militares.

---

23 Janowitz, Morris. *O soldado profissional*: um estudo social e político. Rio de Janeiro: GRD, 1967.
24 Johansen, Robert C. Military policies and the State System as Impediments to Democracy. *Political Studies*. V. XL. Special Issue, 1992. p.99-115.

O delineamento metodológico

Dado que o objetivo central da pesquisa é *verificar de que maneira a relação entre o aparelho militar e o sistema político no período de 1974 a 1999 afetou a consolidação da democracia* do país, este aspecto-chave foi desdobrado analiticamente em dois planos: o legal-institucional e a conjuntura política.

No *primeiro plano* – o debate acerca da Constituinte de 1988, sobre a revisão constitucional em 1993 e elaboração de leis complementares e projetos de lei sobre Forças Armadas – a referência básica é a *função* das Forças Armadas na Carta Magna e as **missões** definidas nos textos infraconstitucionais, conferindo-se as principais posições defendidas por atores políticos relevantes – partidos, militares, empresários e sindicatos – na configuração legal da função e das missões atribuídas ao aparelho militar.

O *segundo plano* focaliza a conjuntura do período indicado. Neste caso, trata-se de uma análise pontual de momentos cruciais da conjuntura política, pinçando os elementos diretamente vinculados àquela relação entre militares e sistema político. Nesse plano estão inseridas as práticas e suas institucionalizações, as organizações e as identidades que se desenvolvem. O estudo das condições políticas da participação dos militares proporciona um referencial analítico apropriado para explicar o *papel* dessas Forças.

Ambos os planos serão trabalhados a partir de categorias de análise que permitam uma compreensão mais adequada das relações civil-militares. Como já indicadas anteriormente, serão utilizadas as seguintes:

> 1. *Expectativas do sistema político sobre a função, o papel e as missões das Forças Armadas.* Como e o que o sistema político incorporou nos delineamentos para a *função* das instituições militares no novo regime? Sendo diversos os atores envolvidos, que indicação vetorial predominou? Quais foram as ações e reações dos militares nessa configuração? Quanto ao *papel* desempenhado pelas Forças Armadas, qual a expectativa ali-

mentada pelo sistema político? Quais as missões atribuídas aos militares ou por eles auto-atribuídas?

2. *Participação de civis na organização da defesa nacional.* As questões de defesa abarcaram predominantemente os pressupostos estritamente militares na definição das grandes linhas estratégicas ou foi o poder civil que as institui? Na prática as Forças Armadas estabelecem, por si mesmas, os objetivos, prazos e preparação de seus quadros da forma como julgam ser mais oportuna ou há uma definição geral explícita do poder civil? A autonomia da instituição militar nesses assuntos tendeu à expansão no período considerado? A interação entre as Forças Armadas e o sistema político se estabeleceu pela manutenção de prerrogativas daquelas, ou se esboçaram procedimentos e ações delineadas e concatenadas do poder civil para manter o controle sobre o aparelho militar? Houve uma delimitação de esferas de competência definidas pelas Forças Armadas, fundamentalmente sobre assuntos de defesa nacional?

3. *Dimensão das Forças, custo econômico e controle sobre recursos.* De manifesta ligação com as questões de defesa estão as definições sobre a dimensão das Forças Armadas, seu custo econômico e o controle sobre os recursos despendidos com a defesa. Qual o grau de supremacia civil nesses quesitos? Qual foi a efetividade do controle civil sobre os recursos alocados? Quem, de fato, define a dimensão do efetivo militar?

4. *Capacidade de fiscalização do Congresso sobre as atividades militares.* A supremacia civil sobre as Forças Armadas implica em mecanismos institucionais adequados à tarefa de fiscalização do Congresso Nacional. Quais os mecanismos existentes e como cumprem essas atividades?

5. *Decisões sobre a política de pessoal militar.* As burocracias estatais possuem autonomia na definição de procedimentos com pessoal, o que é adequado se intentam adotar mecanismos universalizantes de admissão e promoção dos quadros profissionais. Se essas posturas, fundadas na meritocracia,

que idealmente vigoram no serviço público, permitem maior afastamento do clientelismo e suas variantes, de outro modo indicam também um distanciamento da ingerência do poder civil sobre questões relevantes. Por exemplo, em relação aos altos comandos militares, a supremacia civil transparece quando o Executivo e o Legislativo exercem maior controle sobre a definição da alocação dos generais-comandantes. Como essas decisões se efetivaram no período?

6. *Foros especiais para militares.* A possibilidade, maior ou menor, de que os militares sejam julgados por tribunais ordinários ou por foros especiais, como também de que civis sejam julgados por tribunais militares, mesmo após o fim dos regimes autoritários, é também ponto relevante para se verificar o nível de autonomia militar.

7. *Produção de informações de inteligência.* A área de informações, durante o mais recente regime autoritário, esteve restrita aos militares. No período a situação se alterou o suficiente para se considerar a efetivação da supremacia civil? Às necessidades de produção de informações do poder Executivo correspondeu o monopólio das Forças Armadas para os aspectos técnicos e ideológicos envolvidos no processamento de informações, ou foi o poder civil que determinou objetivos e procedimentos para a produção de informações?

8. *Atividades das Forças Armadas em ações subsidiárias e de segurança interna.* O combate à "desordem e ao caos" foi parâmetro de atuação militar desde pelo menos 1937. A manutenção da ordem interna tem sido privilegiada pelas Forças Armadas se comparada à Defesa Externa? Como o poder civil age em circunstâncias consideradas suficientes para que o poder militar atue nessa área, considerando a importante distinção entre segurança interna – relativa a possíveis desestabilizações que levassem ao perigo de perda de soberania do Estado – e em questões de ordem pública, já que os delitos contra a ordem pública dizem respeito à cidadania e são assuntos de âmbito policial, e nunca militar. Qual é o nível de influência

militar nessas questões e quais as expectativas do sistema político sobre o *papel* a ser desempenhado pelas Forças Armadas, além das atribuições clássicas de defesa externa?
9. *Educação e doutrina militar.* As Forças Armadas possuem uma estrutura educacional secular e consolidada. Até que ponto mantiveram um espaço unilateral de definição de currículos e, fundamentalmente, que aspectos doutrinários estiveram envolvidos no processo de socialização militar? As respostas a essa questão apontam o nível de ingerência do poder civil sobre um aspecto central para a institucionalização da supremacia civil.
10. *Revisão sobre ações do regime militar.* Houve iniciativas de revisão das ações de repressão do regime autoritário? Em que condições? O acerto com o passado e as possibilidades de julgamento pelos crimes cometidos por militares envolvidos com a repressão indicam o nível de enclausuramento das instituições militares nos períodos pós-autoritários e a vontade política do poder civil nesse campo. Como essas questões foram tratadas? O governo de Fernando Henrique Cardoso determinou a instalação da Comissão de Desaparecidos, de maneira a responsabilizar o Estado pelas mortes e pelos desaparecimentos durante o regime militar. De maneira geral, como se processou essa decisão e como o sistema político e as Forças Armadas encaram esse processo?

Essa perspectiva sincrônica permite analisar com mais clareza a questão da supremacia civil, tomando-se o cuidado de observar a distinção entre conceitos que descrevem uma realidade e conceitos de conteúdos normativos. No caso brasileiro, trata-se muito mais de objetivos a alcançar do que de realidades existentes. Recorde-se que a supremacia civil implica uma redução, mas não uma eliminação da ação autônoma militar, se considerados aqueles aspectos mais restritos às iniciativas exclusivamente institucionais. A situação mais favorável seria aquela em que houvesse um equilíbrio entre as prerrogativas civis e a criação de canais adequados para a expressão dos interesses profissionais militares, desde que esses interesses fossem razoavelmente atendidos.

Apresentadas e desenvolvidas essas categorias para cada um dos períodos considerados, elas são submetidas a uma matriz de dupla entrada, composta pelas *decisões* ou *outputs* do sistema político. Decerto são decisões políticas engendradas pelo sistema, as quais devem ser analisadas no conjunto que compreende os recursos e os constrangimentos a elas relacionadas. A essas decisões são conferidos graus – baixo, médio ou alto –, caso se constate de modo explícito que essas decisões foram adotadas pelo sistema político (manifestação do poder civil em suas distintas dimensões) como meta para definir uma supremacia sobre o aparelho militar. Referem-se, portanto, à *natureza* das decisões adotadas.

Outro critério diz respeito à *qualidade* das decisões, cujo critério identificador está atrelado a uma concepção democrática estabelecida com base em modelos de controle civil sobre os militares, considerando que, mesmo com vistas às características históricas do país, uma perspectiva normativa deve ser vislumbrada. Concretamente, esse critério resulta de situações em que as funções, o papel e as missões das Forças Armadas estejam voltadas para a defesa externa e que as grandes linhas definitórias desse tripé sejam originadas do poder civil, certamente com a consulta aos profissionais do exercício da violência estatal.

Comportamentos castrenses devem se adequar aos direitos políticos, sociais e humanos – parte substantiva e irrecusável de uma democracia política. Também nesse caso se adota um critério tripartite. A *pertinência* das decisões políticas será considerada baixa quando se afastar sobremaneira dos elementos assinalados; será média se, no contexto dos recursos e constrangimentos das decisões, avançar na direção de um maior controle civil; e será alta se o resultado das decisões aproximar-se da tipologia normativa da construção democrática.

Para tornar os resultados mais perceptíveis, foram empregados valores quantitativos a cada uma das classificações. Na seqüência, foram multiplicados. O resultado obtido na matriz permite, finalmente, que sejam indicados os graus de autonomia resultantes do processo decisório. Esses graus de autonomia possibilitam o estabelecimento de um perfil da relação entre Forças Armadas e sistema político, e novamente se repetem os três níveis: *alta, média e baixa* (e outros níveis intermediários). Esse cruzamento permite verificar, portanto, o resultado daquela interação e indicará o predomínio ora de um ora de outro ator ou, buscando-se maior exatidão, se houve transformações no sistema na direção de um maior controle civil ou se elementos de resiliência ainda se mantiveram.

Esse procedimento indicaria que não é suficiente, para o caso brasileiro, estabelecer um critério que considerasse o ponto em que os militares ultrapassassem ou mesmo usurpassem os poderes garantidos pela Constituição às lideranças civis no processo de tomada de decisões de cunho político. Isto porque mesmo definições constitucionais podem indicar um nível médio ou alto de autonomia militar. Além disso, insiste-se, o *papel* militar pode ultrapassar a *função* prevista, podendo indicar um obstáculo ao aperfeiçoamento democrático brasileiro. Leva-se em conta, ainda, que o papel militar está diretamente vinculado às *missões* das Forças Armadas.

1
As relações civil-militares na teoria política

As relações entre civis e militares constituem uma categoria central no campo das vinculações entre Estado, sociedade e Forças Armadas, sendo que essas desempenham um papel crucial na política como instituição que monopoliza a coerção legítima. No campo democrático, considera-se indispensável que o poderio armado do Estado esteja sob o controle da classe política dirigente.

A respeito do controle civil sobre as Forças Armadas há modelos analíticos que partem das características institucionais das organizações militares e outros que enfatizam as relações que se estabelecem no terreno mais amplo da política. Nesse último caso, um marco teórico importante foi desenvolvido por Samuel Huntington, no seu clássico *O soldado e o Estado*. A questão central para Huntington é verificar quais são as condições necessárias à existência de Forças Armadas eficazes e submissas ao poder civil. O ponto central das relações entre civis e militares é o controle civil, como se estrutura e que problemas são daí advindos.

A resposta de Huntington é que o controle civil se efetiva via redução ao mínimo do poder militar, sendo que o modelo considera a subordinação como um *dado* estabelecido. São os civis que governam as nações, embora existam diversas maneiras de os militares interferirem no governo ou na vida política. Dessa forma, estão excluídos de sua análise os casos em que os militares exercem diretamente o poder político do Estado, como o dos regimes autoritários na América do Sul.

Uma variável central na argumentação de Huntington é a emergência de um profissionalismo militar fundado em novos valores, tanto que seu modelo foi chamado de *essencialista*, já que a essência da análise reside no conceito de profissão.[1]

O surgimento de uma profissão especificamente militar remonta ao início da era moderna. Ela está relacionada a várias transformações sociais, destacadamente o declínio da sociedade feudal e, com ela, do nobre guerreiro e a formação de exércitos permanentes. A formação dos Estados nacionais e a concorrência entre eles exigiam exércitos cada vez maiores. Contingentes crescentes e treinamento permanente passaram a exigir maior hierarquização e disciplina. Posteriormente foi introduzida a promoção por mérito (como na França do século XVIII). Os elementos da moderna profissionalização estavam dados.

Somente com o posterior surgimento dos Estados Maiores é que vai se estabelecer uma instituição profissional que consolida os conhecimentos técnicos e os aplica à administração da violência.

As origens do profissionalismo estão compreendidas em um contexto de mudanças de regime político que irão alterar o estatuto do profissionalismo militar, inclusive por uma nova visão, inicialmente prussiana, que considerava outros atributos para a vida militar, como educação e conhecimentos profissionais, bravura e percepção exímias, o que não era fruto do berço ou de bens.[2]

---

[1] Termo proposto por Schweisguth, Etienne. L'institution militaire et son système de valeurs. *Revue Française de Sociologie*, XIX, 1978, para designar que no modelo de Huntington a *essência* da análise está fundada no conceito de profissão.

[2] Huntington aponta como causas para o aparecimento do profissionalismo: a especialização tecnológica; o nacionalismo competitivo; o conflito entre democracia e aristocracia; e a presença de autoridade legítima e estável. Huntington, Samuel. *El soldado y el Estado*: teoria y politica de las relaciones cívico-militares. Buenos Aires: Grupo Editor Latinoamericano, 1995.

A existência de uma única fonte reconhecida de autoridade legítima sobre as forças militares é dos fatores mais importantes para a emergência do profissionalismo. Um oficial deveria estar imbuído do ideal de servir a nação, o que na prática se revela por uma instituição que corporifique a autoridade da nação ou do Estado. Quando essa autoridade é difusa, o profissionalismo torna-se difícil ou mesmo impossível de ser alcançado.

> O conflito de ideologias constitucionais e de lealdades governamentais divide a oficialidade e superpõe considerações e valores políticos sobre considerações e valores militares. A natureza das lealdades políticas de um oficial se torna mais importante para o Governo do que o nível de sua competência profissional.³

Quando classes possuem visões distintas sobre a estrutura constitucional do Estado ou quando disputam alguma autoridade sobre o oficialato o profissionalismo vê-se tolhido. Somente quando optam por uma autoridade única sobre os militares (no caso da Prússia, o rei, mesmo quando da ascensão burguesa) é que o profissionalismo se consolida. Por isso adverte que "um grau mínimo de consenso constitucional é, portanto, essencial ao profissionalismo militar".⁴ No caso inglês o duplo comando retardou a profissionalização, sendo que a rivalidade entre os poderes Executivo e Legislativo envolveu os militares na política interna.

O profissionalismo irá se consolidar pela instituição do comandante-em-chefe, pela formação específica do oficialato, pela criação dos Estados-Maiores e seus oficiais anônimos. Um espírito militar foi se forjando na Prússia, fazendo com que o espírito de classe aristocrática se transformasse em um espírito de casta militar.

A formulação da ética profissional deveu-se à autonomia e, ao mesmo tempo, à subordinação da guerra, segundo as concepções de Clausewitz. Um elemento importante na teoria de Clausewitz é o conceito de *dupla natureza da guerra*, que é, ao mesmo tempo, uma

---

3 Huntington, Samuel. *El soldado y el Estado*. p.54.
4 Idem, p.53.

ciência autônoma, no que diz respeito a métodos e objetivos próprios, e um condicionamento externo de seus supremos propósitos.[5]

A decorrência desse conceito reflete-se no papel do soldado. Por ter "uma gramática própria, mas não uma lógica própria", a guerra necessita de um profissional especialista, que trate da gramática sem interferências externas. Os assuntos militares devem ser supervisionados por civis. Apenas a condução da guerra deve ficar sob comando estritamente militar. Mas a guerra sempre se subordina a interesses políticos, estranhos ao oficialato, do que decorre a subordinação do soldado ao estadista.[6]

Huntington considera que "ao formular o primeiro *rationale* teórico para a profissão militar, Clausewitz também contribuiu com a primeira justificativa teórica para o controle civil".

Huntington já avança as teses que sugere em *A ordem política nas sociedades em mudança*. O profissionalismo, na sua vertente de lealdade, é decorrência do que ele chamará de amadurecimento do sistema político. Basicamente, esse amadurecimento reflete a diminuição significativa da politização da sociedade, que estabelece seus rumos políticos por uma série de procedimentos considerados válidos pelos atores envolvidos. A concepção é francamente conservadora, porque inabilita a inserção de novos atores representativos de outros segmentos sociais. Portanto, para o caso de sociedades desiguais, em que as condições mínimas para o amadurecimento democrático ainda não se fazem presentes, e os atores ocupam a cena política com um rol de acentuadas demandas, as Forças Armadas também se politizam e se inserem na política interna. Para usar as próprias expressões do autor, as esferas da segurança nacional se entrecruzam e estão imbricadas, e não há como diferenciar a *política de segurança militar* da *política de segurança interna* e a *política de segurança situacional*.[7]

---

5 Clausewitz, Carl von. *Da guerra*. São Paulo: Martins Fontes, 1979.
6 Idem.
7 Huntington, Samuel. *A ordem política nas sociedades em mudança*. São Paulo: Ed. da Universidade de São Paulo, 1975.

As democracias liberais lograram êxito em atingir esse amadurecimento e a contrapartida da lealdade militar, situação distinta das sociedades pretorianas.

A ética profissional dos militares

Analisando a mentalidade militar por suas atitudes ou seus conteúdos – e não pela sua capacidade ou qualidade –, ou mesmo por seus atributos ou suas características, Huntington a descreve a partir da concepção militar do homem, da sociedade e da história. Para a mentalidade militar, a violência é inevitável e faz parte da natureza humana. O Homem é egoísta, motivado pelo poder e pela riqueza, ou, como considera Clausewitz: "Toda a guerra pressupõe a debilidade humana e contra ela se dirige". O homem da ética militar é essencialmente "o lobo do homem".

As concepções sobre a política militar nacional revelam outros traços da mentalidade militar. Pontifica-se a primazia do Estado-nação. Sua preservação é essencial, o que novamente remete ao pacto de submissão hobbesiano. Para a mentalidade militar, a insegurança e a inevitabilidade da guerra são permanentes. Determinados organismos não resolvem o problema do Estado. O fator decisivo é sempre a relação de poder entre eles, sendo a diplomacia ineficaz. Por outro lado, há a tendência em exagerar a magnitude e a iminência da guerra, do que decorre um esforço constante em favorecer a manutenção de forças militares potentes, diversificadas e preparadas. Entretanto, de forma abstrata, a mentalidade militar orienta-se para a guerra, mas em casos concretos há uma busca pela limitação dos compromissos e a prevenção da guerra. Opõe-se à extensão de compromissos internacionais do Estado e sua implicação em uma guerra quando a vitória não é segura.

Para os fins desta análise – a questão do controle civil – um aspecto essencial da ética militar refere-se à lealdade, mas que para Huntington é uma realidade histórica estabelecida e que prescinde de demonstração. Afirma que a mentalidade militar incorpora, quando profissional, a idéia de que o militar deve ser politicamente neutro. "Assim como a guerra serve aos fins da política, a profissão militar serve aos fins do Estado." O controle civil existe quando prevalece uma adequada subordinação de uma profissão autônoma aos fins da política, pois o militar tem o direito de esperar orientação política do estadista.

Essa ética está relacionada a três responsabilidades dos militares perante o Estado: *função representativa*, ao representar as demandas da segurança militar dentro da máquina estatal, que, todavia, implica limites no exercício dessa função; *função consultiva* (assessora), que compreende analisar e informar sobre as implicações dos cursos alternativos; e *uma função executiva*, que se verifica ao colocar em prática as decisões estatais, que é o sentido da estratégia militar com relação à política.

Há uma grande área de confluência entre a estratégia e a política. Ao militar cabe reconhecer que um grande número de decisões consideradas castrenses envolve a política, nesse caso só lhe resta ser orientado. Ou seja, a profissão militar existe para servir ao Estado, portanto, a lealdade e a obediência são as mais altas virtudes militares. "Só se forem motivadas por ideais militares serão as Forças Armadas servidoras obedientes do Estado, como será garantido o controle civil."

Essencialmente, o modelo de controle civil parte desta premissa abrangente de profissionalismo e sua incorporação a uma ética profissional, que abrange inculcação de uma mentalidade de ausência de motivos políticos para a ação militar. Dois são os modelos de controle civil: controle civil subjetivo e controle civil objetivo

O *poder civil subjetivo* atua por duas vias: ou pela redução significativa da dimensão física das Forças Armadas, de modo a debilitar seu poder de influência sobre o sistema político; ou, sem alterar a estrutura física do aparelho militar, pela busca de adesão ativa dos militares a determinado grupo, setor, instituição ou interesse da sociedade civil.

Ao canalizar recursos de poder para determinado grupo ou setor, o aparelho militar altera situações de poder estabelecidas, fortalecendo determinados grupos em detrimento de outros. As instituições militares se *civilinizam* e, concomitantemente, se *politizam*, transformando-se em *espelho do Estado*. Ocorre que o modelo ideal apresentado por Huntington toma a parte pelo todo e considera que a aquiescência militar a um determinado grupo poderia significar um controle civil. Nesse caso, introduz-se uma distorção pouco compatível com as regras do jogo democrático. À primeira vista resolve-se o pressuposto básico do modelo, que está assentado na efetividade da subordinação militar ao poder civil, mas se acentua a distorção do desequilíbrio de poder, favorecendo setores em detrimento de outros. Por um lado, mesmo quando esse controle se pode efetivar por uma instituição estatal, como o Executivo ou o Legislativo, ainda assim a distorção se estabelece, pois são criadas situações institucionais conflitivas. Por outro lado, torna-se incongruente com o pressuposto básico do modelo – a subordinação militar –, pois se ampliam as oportunidades de intervenção militar, de modo que segmentos das Forças Armadas podem se situar como árbitros entre dois grupos. Se o "elemento essencial e prioritário de qualquer sistema de controle civil é minimizar o poder militar"[8], a participação militar na disputa política não reduz seu poder, mas provavelmente o amplia.

Um aperfeiçoamento da relação entre civis e militares se dá com *o controle civil objetivo* que ocorre pela maximização do poder civil e minimização do poder militar. "A essência do controle civil objetivo é o reconhecimento do profissionalismo militar autônomo; a essência do controle civil subjetivo é a negação de uma esfera militar independente."[9] Em vez de se civilinizar e politizar-se, agora o poder militar se neutraliza e se esteriliza.

O ponto de passagem de um tipo de controle a outro é o *profissionalismo*. Profissionalizadas, as forças militares passam a ser *ferramentas* do Estado, subordinando-se, sem critério discriminatório, ao poder civil. Outra vantagem adicional é que o controle civil objetivo amplia a capacidade de segurança militar, em decorrência

---

8 Huntington, Samuel. Idem, p.103.
9 Idem, p.102.

da profissionalização. Dupla vantagem em relação ao controle civil subjetivo. Mas é preciso analisar com mais cuidado a concepção de profissionalismo.

Profissionalismo: do *homo bellicus* ao *homo militaris*

É com o profissionalismo que se apresentam as condições para a consolidação do controle civil objetivo. O corpo de oficiais é profissional por natureza e sua efetividade depende da habilidade (especialização), responsabilidade e corporativismo. A *especialização* decorre da educação continuada e experiência prolongada. A competência profissional é proporcional ao tipo de organização que o oficial é capaz de dirigir. A habilidade do oficial não é um ofício ou uma arte, mas muito mais complexa. O *corporativismo* constitui a unidade orgânica entre os membros de uma profissão. Mas é a *responsabilidade* que interessa mais de perto, pela possibilidade de descurar a vinculação com o controle objetivo. Enquanto a habilidade do oficial é a administração da violência, sua responsabilidade dirige-se à sociedade, cuja demanda é a segurança militar. Mas como a administração da violência deve ser aprovada, relembrando-se do estatuto da legalidade e da legitimidade, a profissão militar não é apenas regulada, mas é monopólio do Estado; daí que a responsabilidade do oficial é para com o Estado.

Em uma primeira aproximação, o termo profissionalismo não se refere ao grau de apoliticismo das Forças Armadas, mas a sua diferenciação de outros ofícios da sociedade. Charles Moskos apresenta uma tipologia baseada em Beng Abrahanson[10], que distingue profissionalização de profissionalismo. A *profissionalização* alude ao processo histórico de racionalização administrativa em seu conjunto e sua configuração como instituição social, bem como aos processos de

---

10 Moskos, Charles. A nova organização militar: institucional, ocupacional ou plural?

socialização dos quadros militares e sua consolidação como grupo social diferenciado. Já o profissionalismo assume dois significados: como *capacidade técnica*, que se dá tanto em centros educativos, como no desempenho em postos de trabalho. Seria a especialização apresentada por Huntington e compreende o monopólio da competência técnica para a administração da violência legítima.

O segundo significado refere-se à *proteção social* em relação a esse monopólio e indica a instrumentalidade social dos quadros militares, isto é, sua subordinação a lideranças políticas estabelecidas legitimamente. É nesse sentido que incorpora as aludidas contribuições de Clausewitz, quando este se refere à dupla natureza da guerra – subordinação à política e dinâmica relativamente autônoma – e distingue as funções a serem exercidas pelo poder político civil e pelo poderio militar, reservando ao primeiro a *definição* dos *fins* e, aos segundos, a *preparação* dos *meios*. Huntington aceita o argumento clausewitziano de que uma política equivocada ou em proveito próprio dos líderes civis "não diz respeito aos militares". Consolida-se a percepção, por essa óptica, segundo a qual os políticos definem os fins e os militares os meios, e quem diferencia e delimita as fronteiras são os políticos.

Considera-se que ao longo do processo de profissionalização o *homo bellicus* transformou-se em *homo militaris*, tanto pelo aporte de profissionalização (a institucionalidade social das Forças Armadas) como pelo profissionalismo (capacitação técnica e institucionalidade da subordinação política). Partindo desse sentido pleno de profissionalismo (segundo significado), o controle civil objetivo pode ser mais bem entendido. Em uma primeira investida não fica nítido que o controle civil objetivo seja fruto de um ato de vontade do poder civil, sendo que o profissionalismo é que impulsiona uma *acomodação* do poder militar.

A questão parece ser mais bem resolvida quando Huntington diferencia as sociedades pretorianas das sociedades cívicas. No primeiro caso, há um tal estado de entropia política que as instituições, de maneira geral, se politizam e o jogo político torna-se palco de uma competição desregrada. Nesse caso os militares, também politizados, têm seu poder disputado por interesses variados, configurando-se o *controle civil subjetivo*. Somente nas sociedades cívicas, pelo amadurecimento institucional, é que estarão postas as condições para o estabelecimento do *controle civil objetivo*. No caso dos EUA, a visão liberal da sociedade se opõe ao realismo conservador formado pelos imperativos funcionais dos militares. Isso é resolvido pelo controle civil objetivo, facilitado pelo profissionalismo, entendido como separação do militar da sociedade.[11]

Mas o processo que leva os militares à subordinação pode ser entendido pela cristalização de uma mentalidade militar que abandona a esfera de autonomia política, para constituir uma esfera de autonomia autárquica e pela situação de subordinação política. Wendy Hunter[12], citando o próprio Huntington em *A terceira onda*, simplifica ao máximo a questão ao afirmar que os aderentes do controle civil objetivo recomendam dar aos militares "novos e divertidos brinquedos" a fim de ocupar sua atenção e torná-los satisfeitos. Simplificações à parte, cabe ressaltar um aspecto: os meios para que os militares se tornem subordinados de forma objetiva dependem do poder civil e da cessão de meios que viabilizem o profissionalismo. Mas é uma premissa que deixa um rastro de dúvidas. Em que medida o profissionalismo exigiria uma visão exacerbada da possibilidade de conflito? Poderia significar, em alguns países, o fortalecimento das condições para a atuação na segurança interna?

O caso é que o modelo analítico de Huntington parte da experiência norte-americana, na qual a ampliação substantiva de interesses externos, também através da guerra, levou a um rápido profissionalismo das Forças Armadas, com a conseqüente priorização do inimigo externo como móvel do processo de adequação do preparo militar.

O modelo sugerido por Huntington parte da idéia de subordinação como premissa central, mas deixa descoberto o caso de países em

---

11 Avant, Deborah. Conflicting indicators of "crisis" in American Civil-Military relations. *Armed forces and society*, v. 24, n. 3, 1998.
12 Hunter, Wendy. State and soldier in Latin America. United States Institute of Peace. *Peaceworks*, n. 10, 1996.

que o que se busca é exatamente a subordinação. Especificamente é o caso de países da América Latina após os períodos de transição para a democracia. Essa é mais uma limitação do modelo proposto e que também é criticado por Rebecca Schiff[13] que indica que a separação dos militares norte-americanos das instituições civis é baseada em um tipo particular de profissionalismo e que não poderia ser estendida como modelo abrangente. Acrescenta que o modelo analítico proposto por Huntington não apreende a importância dos fatores culturais, que compreendem valores, atitudes e símbolos que conformam a própria visão dos militares sobre seu papel na sociedade. A autora apresenta outro modelo, no qual abandona a ênfase na separação entre civis e militares e a esfera civil que busca prevenir intervenções militares. Sua proposta de uma "teoria da concordância" sublinha o diálogo, a acomodação e a aproximação entre os valores e objetivos dos militares, elites políticas e sociedade. Nada mais distante do pensamento de Huntington, para quem os valores – mentalidade – entre militares e civis são bastante distintos, embora aponte a mentalidade militar como a mais apropriada para o país.

Retomando-se o significado abrangente de Abrahanson para o profissionalismo, é possível chegar ao mesmo ponto da reconceptualização do modelo de controle civil objetivo proposto por Ernesto López.[14] Para o autor argentino, o controle civil objetivo seria a tentativa de elaborar a subordinação militar tomando como base a vigência de uma legitimidade racional-legal, conforme a distinção weberiana entre *poder* e *dominação*. Dessa forma, a obediência é devida ao respeito às normas legais, a uma ordem normativa abstrata e impessoal que estabelece que as Forças Armadas estarão subordinadas às orientações do Estado. Em países que estão em processo de estabelecimento da supremacia civil estariam os militares efetivamente deixando de ser o *espelho*, para se transformarem em *ferramentas* do Estado.

---

13 Schiff, Rebecca. Civil-Military Relations reconsidered: a theory of concordance. *Armed forces and society*. v. 22, n.1, 1995.

14 López, Ernesto. *Democracia y cuestion militar*. Buenos Aires: Universidad Nacional de Quilmes, 1996. p.153.

Na atualidade, analistas norte-americanos indicam que a civilinização provocada pelo advento da guerra total e pela sofisticação da parafernália eletrônica vem criando espaços crescentes de autonomia militar. Essa maior aproximação entre civis e militares vem sendo retomada mais recentemente, até o ponto de se afirmar que há dificuldades para o controle democrático do poder militar. Há situações e características que enfraquecem a democracia. A própria estrutura organizacional das Forças Armadas e a duplicidade de comando (entre Executivo e Legislativo), como já havia apontado Huntington, contribuem para o enfraquecimento do controle civil sobre o poder militar. É o que também ressalta Desch.[15] Considera o analista que após o fim da Guerra Fria o controle civil sobre o poder militar se reduziu nos EUA, à medida que as preferências entre civis e militares divergem.

Em texto mais recente,[16] ao tratar agora das novas democracias, Huntington advoga duas teses, que são complementares: 1) as novas democracias mostram-se mais eficientes na melhoria das relações civil-militares do que em outros aspectos da consolidação democrática e 2) essas relações são melhores do que nos regimes autoritários.

Quanto às deficiências, o autor observa que essas novas democracias possuem uma série de desafios, como estabilizar sua autoridade pública, estabilizar um sistema partidário e outras instituições democráticas, liberalizar e privatizar a economia, promover o crescimento econômico, reduzir os déficits fiscais, diminuir o crime e a corrupção e evitar tensões étnicas e religiosas. As deficiências nessas áreas revigoram uma nostalgia para com os regimes autoritários, tanto que em muitos países há uma descrença em relação à democracia.

No que se refere às relações civil-militares, Huntington aponta inúmeras mudanças que reduzem o poder militar, desde o exílio de ditadores militares até outras limitações ao envolvimento militar na

---

15 Desch, Michael. Soldiers, state and structures: the end of the Cold War and weakening U.S. civilian control. *Armed forces and society*, v. 24, n. 3, 1998.
16 Huntington, Samuel. Reforming civil-military relations. In: Diamond, Larry, Plattner, Marc. *Civil-relations and democracy*. Baltimore, Maryland: John Hopkins, 1996.

política, quer pela criação de ministérios da defesa que permitem maior controle sobre os militares, quer pela redução de gastos militares e maior controle orçamentário das lideranças civis. Há um esforço em redirecionar as missões militares, retirando as Forças Armadas de missões como a segurança interna e a promoção ao desenvolvimento nacional. Permanecem exceções e graus variados nessas mudanças, mas é possível perceber o sentido geral para um novo quadro das relações civil-militares.

Para Huntington, enfim o controle civil objetivo está se consolidando nas novas democracias e as razões desse sucesso devem ser creditadas à crescente difusão, por parte das escolas militares de países de democracias liberais, das normas de profissionalização militar, além da constatação dos atores políticos de que o controle civil objetivo se mostra como vantajoso para ambos os lados, civis e militares. Os militares concluíram que sua permanência no poder foi desastrosa, inclusive colocando em risco a disciplina, sacrificando, para usar os termos de Stepan, os militares como instituição em prol dos militares enquanto governo. Os líderes civis, por sua parte, perceberam que a neutralidade profissional dos militares é mais congruente aos seus interesses. Outro fator que explicaria esse amadurecimento é que as reformas nas relações civil-militares possuem poucos custos para a sociedade e produzem notáveis benefícios, como redução do serviço militar, cortes nos gastos militares, diminuição dos abusos militares sobre direitos humanos e transferência para empresas privadas das indústrias bélicas.

Entretanto alguns problemas ainda afetam as novas democracias quanto às relações civil-militares e podem permitir um retorno a situações anteriores.

Em primeiro lugar, houve de trinta a quarenta tentativas de golpes contra os recentes governos democráticos. Por quê? A primeira resposta está relacionada ao desenvolvimento econômico e à modernização. Huntington considera que há uma forte correlação entre tentativas de golpe, golpes fracassados e os bem-sucedidos e a renda *per capita* de cada país. Países com rendas superiores a 1.000 dólares não tiveram golpes com sucesso, países com mais de 3.000 dólares não tiveram tentativas de golpe, diferentemente de países com renda de até 500 dólares, os quais tiveram golpes bem-sucedidos.

Outro fator de risco refere-se aos países no quais os militares saíram do poder com maior grau de voluntariedade. Nesse caso os militares continuam a ter substancial influência na sociedade, mesmo após a saída do poder, como acontece na Turquia, Coréia do Sul, Nicarágua, Brasil e Chile, embora essa influência seja bastante distinta da que vigorava ao longo dos regimes autoritários. Todavia – ressalta Huntington – gradualmente, na América Latina, os governos vêm ampliando sua autoridade sobre pessoal, orçamento e estrutura das forças; privilégios antigos de militares são reduzidos e suspensos; os militares estão se sujeitando às normas legais, e o preço para que os militares voltem aos quartéis é a anistia. Os governos se defrontaram com duas possibilidades: julgar e punir *versus* perdoar e esquecer, e acabaram desembocando em uma situação paradoxal para "não julgar, não punir, não perdoar e, acima de tudo, não esquecer".[17] Quanto à manutenção de privilégios, o autor adverte que "as ameaças de intervenções militares vêm de militares que são politicamente fracos e a legalidade de privilégios militares vêm de militares politicamente fortes".

O terceiro problema são os papéis e as missões após o fim da Guerra Fria. Envolvimento em guerras, como a Argentina contra a Grã-Bretanha e o Chile, é substituído por participação em missões de manutenção da paz. Entretanto o que afasta bastante os militares de suas missões clássicas é sua participação no combate ao narcotráfico, ao crime ou desordens domésticas, às quais as Forças Armadas costumam resistir, embora mudanças possam ser percebidas nessa área.[18]

Em quarto lugar, o desenvolvimento e a difusão de novas tecnologias alteram as relações civil-militares. Uma das conseqüências é a

---

17 Huntington, Samuel. Idem, p.10.
18 Soares, Samuel Alves. As antinomias das relações civis-militares no Brasil: das novas às velhas ameaças. In: Soares, Samuel Alves, Mathias, Suzeley Kalil. *Novas ameaças*: dimensões e perspectivas. Desafios para a cooperação em defesa entre Brasil e Argentina. São Paulo: Sicurezza, 2003.

redução da conscrição obrigatória. A própria estrutura ternária e a composição hierárquica alteram-se com as inovações decorrentes da tecnologia. A conscrição da Revolução Francesa está se tornando passado e com isso a identificação entre cidadão e soldado, povo e Exército.

Huntington considera que futuros problemas das relações civil-militares terão origem no outro lado da equação: os civis, pois são os responsáveis por promover o desenvolvimento econômico e manter a lei e a ordem.

Um modelo soçobrante?

O modelo proposto por Huntington permanece, após quatro décadas, como referência obrigatória para o entendimento das relações civis-militares, embora tenha sido construído a partir das democracias liberais, como a norte-americana. Por esse motivo, seu caráter explicativo é reduzido para os casos latino-americanos durante o período de regimes autoritários.

Merece atenção o fato de que o controle civil sobre "as armas" ora é entendido como decorrente de um amadurecimento político de cada sociedade, ora é apresentado como fruto do profissionalismo militar. A solução do autor, em sua análise das sociedades pretorianas, é tentadora, à medida que sugere que a lealdade militar ao "poder vazio", para recorrer a uma expressão de Foucault, é fruto da saída da entropia política. Neste cenário, a perspectiva acerca dos países latino-americanos que emergiram do longo período ditatorial poderia indicar que o amadurecimento político vem ocorrendo a passos largos e, por conseqüência, o controle civil tem condições de se enraizar. Por outra parte, a ênfase no profissionalismo militar pode sugerir que bastariam Forças Armadas mais voltadas ao desempenho de suas missões tradicionais e com alto nível de eficiência para que se efetivasse aquele controle. Entretanto, importa ressaltar que as chamadas missões clássicas são próprias de um Estado historicamente instituído na tradição liberal do século XVIII, no qual as Forças Armadas representavam a garantia do esteio da soberania do Estado-nação.

Ocorre que esse Estado passa por profundas transformações e o papel dos militares passa a constituir um novo desafio para que as armas se subordinem aos políticos eleitos. Há uma demanda crescente – de origem interna e externa – para que as Forças Armadas atuem na manutenção da ordem – um conceito variável de país para país –, no combate ao narcotráfico, na atuação da segurança pública, no desenvolvimento econômico e outras missões consideradas subsidiárias. Aliam-se a isso as dificuldades em se definir claramente as ameaças externas, principalmente pelo cenário difuso pós-Guerra Fria. Pensar a lealdade militar sem uma definição mais clara do papel do Estado é uma atividade insana e inócua, como também pensar as relações entre esse Estado em modificação e a sociedade.

De todo modo, não é a dicotomia entre amadurecimento político e profissionalismo que permite aprofundar o tema. Mais justiça se faz ao autor quando ambas as dimensões são vistas como complementares, como sugerem suas análises mais recentes. Huntington supõe que nos países latino-americanos as relações civil-militares estejam em processo de maturação e seu êxito é superior à ação dos líderes políticos em outras áreas, embora aponte que a existência de prerrogativas militares denote a permanência de sua capacidade de intervenção política. Na base dessas novas configurações está o amadurecimento político, que pode ser percebido pela valorização dos pressupostos democráticos e maior profissionalismo militar. No entanto, esse processo sugere um elevado nível de adaptação do poder militar aos novos regimes. À primeira vista os militares confinam-se a uma posição mais apropriada aos pressupostos democráticos, mas importa perceber se não persistem antigas esferas de autonomia ou se outras mais são criadas e que, embora não estejam previstas em seu modelo de controle civil objetivo ou subjetivo, podem manter as Forças Armadas com um específico *locus* de poder, sem a devida subordinação ao poder civil, tendo em vista as experiências históricas de países em que a presença militar na política tem sido uma constante.

Antes que se proceda a uma análise do término do período autoritário em 1985, compreendendo a elaboração de uma nova constituição e sua posterior revisão, a regulamentação do emprego das Forças Armadas, o estabelecimento de uma Política de Defesa Nacional e os estudos sobre a criação do Ministério da Defesa, até sua efetivação em junho de 1999, cabe retomar, com brevidade, o período que antecedeu o golpe de Estado de 1964, no intuito de apresentar certas características do sistema político brasileiro e a interação com as Forças Armadas.

As relações civil-militares no caso brasileiro: o populismo e o pretorianismo

A emergência do capitalismo moderno no Brasil se funda em um sistema institucional sincrético, nacional e multifacetado e não mais regional e dualista. O sincretismo se estabelece entre quatro gramáticas do poder: o universalismo de procedimentos, o clientelismo, o insulamento burocrático e o corporativismo.[19] Alguns desses elementos são mais evidentes e sobressaem em determinadas conjunturas da construção do Estado brasileiro. A partir de 1945, e principalmente após 1950, as condições para que vigore o universalismo de procedimentos, mais apropriado à democracia, não são suficientes, o que leva à criação de uma burocracia insulada. As Forças Armadas estão compreendidas nesse contexto de centralização estatal e de diferenciação com os mecanismos clientelistas em vigor na República Velha. A fuga ao clientelismo – provocando o insulamento burocrático – manteria, por sua vez, a tecnoburocracia distante dos partidos e do Congresso, com o objetivo de driblar a arena controlada pelas instituições da representação política.

O insulamento permitiu a ampliação da autonomia militar e, se em períodos anteriores havia um equilíbrio de forças entre militares

---

19 Nunes, E. *A gramática política do Brasil*: clientelismo e insulamento burocrático. Rio de Janeiro: Jorge Zahar, 1997.

e civis, durante a democracia populista estabeleceu-se uma assimetria em favor dos militares. Essa autonomia assumiu traços mais políticos e foi correspondida por uma política laudatória por parte dos civis. O sistema político atuava no sentido de preservar continuidades, significando "que o processo global da sociedade brasileira passa a ser cada vez mais dependente de um centro específico de decisão, o Exército".[20]

Há que se ressaltar que entre 1937 e 1945 (e o período que se lhe sucede) predomina o continuísmo, já que a democracia que se instaura em 1945 era controlada pelos mesmos grupos do Estado Novo. A ausência de contestações mais radicais, com suficiente alargamento social ou inspiradas em metas mais consistentes e potencialmente confrontadoras ao *status quo* vigente, fez com que a estrutura anterior, baseada na centralização e na ampliação do poder da burocracia estatal, tivesse um peso considerável nas modificações introduzidas a partir já do período pré-eleitoral. O legado de uma ideologia autoritária de Estado era uma das faces da etapa institucional que se iniciava, aliada a um caráter

> ritualístico da democracia política no Brasil, apoiada como esteve num legislativo incerto entre espasmos de altivez e submissão, e num sistema partidário aparentemente incapaz de se expandir e de se afirmar a uma taxa compatível com o ritmo das transformações sócio-econômicas.[21]

Essa debilidade do sistema político e dos partidos devia-se à *reserva de poder*[22] que permanecera nas mãos do Executivo e suas agências centralizadoras, entre as quais também são computadas as Forças Armadas. Nesse caso – pode-se acrescentar –, a reserva de poder era bastante considerável, pois o Exército era o avalista da transição.

A tentativa varguista era a de impulsionar a democratização, mas mantendo a estrutura burocrática-centralizadora do Estado Novo.

---

20 Coelho, Edmundo. Op. cit.
21 Souza, Maria do Carmo Campello de. *Estado e partidos políticos no Brasil:* 1930-1964. 3. ed. São Paulo: Alfa-Ômega, 1990. p.106.
22 Idem, Ibidem.

A continuidade é visualizada em vários dispositivos inseridos na Constituição de 1946. De maneira especial e para atender aos objetivos da pesquisa, ressalte-se a manutenção intacta da *função* das Forças Armadas. Repetindo a definição prevista na Constituição de 1891 e na de 1934 (embora distinta da de 1937), a promulgada em 1946 estabelece que os militares deviam obediência ao Executivo, mas, ressaltava, *dentro dos limites da lei*. Cláusula imprópria para um regime democrático, pois permitia que os militares se conduzissem por uma *obediência discricionária*.[23] Ainda mais, a obrigação dos militares de garantir o funcionamento dos poderes da República, mantendo o seu equilíbrio, permitia que possíveis atritos entre poderes fossem arbitrados pelas Forças Armadas. A conjugação do artigo sobre a preservação do funcionamento dos poderes e da cláusula sobre a obediência discricionária ensejou aos militares a justificativa das intervenções naquele período.

A manutenção desse preceito constitucional reflete a reduzida profundidade do debate, em 1946, sobre a *função* das Forças Armadas num regime democrático. A simples omissão, ou a velha prática política brasileira de evitar o confronto, ou ainda porque interessava aos moldes da democracia populista que se inaugurava, são fatores que podem explicar a ausência de um debate e posterior consolidação acerca de matéria tão relevante.

Em relação ao sistema político, a característica central do período era a crescente participação política com eleições competitivas, ao lado de uma estrutura decisória baseada na burocracia estatal autônoma em relação aos partidos.[24] Iniciou-se um processo de democratização, malgrado a manutenção do aparato institucional vigente durante o Estado Novo e a liderança do processo ter sido exercida por parcelas da elite política que anteriormente haviam se definido pelo

---

23 Stepan, Alfred. *Op. cit.*
24 Souza, Maria do Carmo Campello de. A democracia populista, 1945-1964: bases e limites. In: Rouquié, Alain. Lamounier, Bolívar, Schvartzer, Jorge. *Como renascem as democracias*. São Paulo: Brasiliense, 1985.

autoritarismo como resposta às mazelas do país. Mesmo assim, o período populista não pode ser entendido simplesmente como uma forma de ilusão a que estavam submetidos os estratos mais simples da população. Ao proporcionar espaços para o jogo competitivo, o sistema abria-se às possibilidades de mudanças mais profundas na estrutura política. Entretanto a debilidade dos partidos e da sociedade civil, conjuganda ao esforço de se manter o Estado distanciado da sociedade, limitou o potencial democratizante.[25] O dilema constante do populismo era o de proporcionar uma efetiva participação eleitoral aliada à manutenção do controle do poder por parte das elites ligadas ao Estado e pelas tradicionais oligarquias latifundiárias. O debate da Constituinte de 1946 antecipa esse cenário em que se entrechocam os interesses de mudança aos de continuidade e que desemboca na referida permanência da *função* constitucional das Forças Armadas.

Por fim, ao lado de tantas limitações, a democratização é barrada pela intervenção e ocupação direta do poder pelos militares em 1964.

> De 1824 a 1946, as Forças Armadas mudaram de natureza e se constituíram, de fato e de direito, em uma instituição nacional permanente (uma organização nacional) e assumiram funções que não são de instrumento do Estado, mas do próprio Estado.[26]

Se essa mudança era já visível em 1946, a partir de 1964 o *papel* político dos militares confunde-se com o do próprio Estado.

O autoritarismo militar resultou em variadas alterações na vida política brasileira, destacando-se um nítido retrocesso institucional, pela involução dos partidos políticos, por uma legislação eleitoral crescentemente casuística, pela interrupção da formação de uma elite política. As debilidades e insuficiências do processo de rede-

---

[25] Lamounier, Bolívar. O "Brasil autoritário" revisitado: o impacto das eleições sobre a abertura. In: Stepan, A. (Org.) *Democratizando o Brasil*. Rio de Janeiro: Paz e Terra, 1988.
[26] Ferreira, Oliveiros. S. *Forças Armadas*: para quê? São Paulo: GRD, 1988.

mocratização que se iniciou em 1985 podem ser explicadas, em parte, pela presença e pela condução atuante de líderes civis do período autoritário.[27]

O período 1946-1964 orienta o profissionalismo militar para uma profissionalização crescentemente politizada, devido às características do sistema político brasileiro, distanciando as possibilidades de existência de um controle civil objetivo sobre os militares.

---

27 É ampla a literatura sobre o período do regime militar. Para um balanço sobre diversos aspectos do período, ver Soares, Gláucio Ary Dillon, D'Araújo, Maria Celina. (Orgs.) *21 anos de regime militar*: balanços e perspectivas. Rio de Janeiro: Fundação Getúlio Vargas, 1994.

2
Transições de regimes autoritários

Neste capítulo serão apresentados três períodos governamentais. Esta orientação diacrônica dos governos de Ernesto Geisel, João Figueiredo e José Sarney diz respeito ao início e término do processo de liberalização política. A tese central é que, a despeito da complexidade desse processo, a transição teve início e se manteve, por longo período, sob a direção do próprio regime autoritário, o que – aliado a outros fatores historicamente sedimentados – acabaria por impor restrições ao controle civil das Forças Armadas em períodos posteriores.

Quanto às transições, é quase um truísmo advertir sobre seu caráter de acentuada incerteza. A saída de uma ditadura para um novo regime não permite inferir que um regime democrático será realmente inaugurado, já que os resultados poderão, até mesmo, desembocar em retrocessos significativos. Se, entretanto, a política tomar o rumo da democratização, as transições urdidas e conduzidas pelas próprias lideranças do regime a ser superado – e com maior peso quando este regime é militarizado[1] – proporcionam um grau de in-

---
1 Agüero, Felipe. *Militares, Civiles y democracia*: la España postfranquista en perspectiva comparada. Madrid: Alianza Editorial, 1995. O autor considera relevante a tese de que há uma distinção empírica entre transições de regimes controlados por civis ou por militares. Este ponto será retomado à frente.

segurança possivelmente superior a outras experiências, como as transições por colapso ou efetivamente negociadas, além de consolidarem antigas prerrogativas e estabelecerem outras que constituirão constrangimentos à efetivação da supremacia civil sobre os militares. No caso brasileiro, os contornos da transição foram estabelecidos pelas lideranças militares, que mantiveram, pelo menos durante o governo Geisel, prerrogativas e força política para alterar prazos, redefinir instituições que participariam mais ativamente das articulações, agindo quer pelo veto explícito, quer, com maior freqüência, pelas alterações mais ou menos significativas nas regras do jogo político.

Ainda que se considere que o projeto de distensão tenha se constituído por uma complexa dialética de concessão e conquista entre o regime e outros atores políticos mais empenhados na democratização, a capacidade de iniciativa confinou-se aos militares, o que impõe a verificação das condicionantes que se apresentavam para que um processo de distensão tivesse início. Sobre o tema avultam posições metodológicas distintas, desde as que privilegiam explicações macroteóricas, relacionadas a modificações econômicas e sociais, a outras que se orientam pelo comportamento estratégico dos atores.

Pode-se buscar no contexto internacional um conjunto de explicações para a deflagração do processo, mas a posição de O'Donnell e Schmitter traduz com maior pertinência os fatos ocorridos no caso brasileiro. Admitem os autores que pressões internacionais podem contribuir para o início de um processo de transição, mas os fatores domésticos são predominantes, entre eles "importantes divisões no próprio regime autoritário, principalmente ao longo da fronteira flutuante que separa os duros dos brandos"[2], aliadas à insatisfação de parcelas da burguesia que assistiam apreensivas à ocupação de espaços na economia por órgãos estatais e apoiavam uma democratização de alcance limitado.

---

2 O'Donnell, Guillermo, Schmitter, Philippe. *Transições do regime autoritário*: primeiras conclusões. São Paulo: Vértice, 1988. p.41-42.

Adam Pzerworski[3] esquematiza as razões para a liberalização em quatro fatores: 1) a disfuncionalidade do regime; 2) perda da legitimidade; 3) pressões externas que impulsionam as mudanças; e 4) a desintegração do bloco governante.

As explicações fundadas na disfuncionalidade enfatizam que a queda de um regime autoritário deve-se ao esgotamento das missões auto-atribuídas, portanto ao cumprimento de seu papel. Atingido os objetivos a que se propunha, o regime ingressa em uma *fase disfuncional* em relação ao contexto histórico e não haveria por que mantê-lo por mais tempo. Essa é uma variável bastante inclusiva e consegue abarcar grande parte dos casos de transição política e daí advém sua fraqueza explicativa. Pode ser traduzida pela necessidade de que, em algum momento, a *temporalidade* deva ser introduzida no regime, já que uma série de fatores não permite seu prolongamento por prazo ilimitado.

Também a perda de legitimidade não se constituía como uma questão emergencial ao regime. Retomando o período em que se iniciou a transição brasileira – início do governo Geisel –, observa-se que, naquela ocasião, boa parte da opinião pública ainda se encontrava anestesiada pelo "milagre brasileiro", e as resistências ao regime foram isoladas. Não ocorreram manifestações de repúdio mais amplas que pudessem caracterizar uma *perda repentina de legitimidade* ou mesmo um perigo latente de que isso ocorresse em curto ou médio prazo.

Entretanto, a legitimidade em um regime autoritário é uma categoria conceitual de difícil sustentação. O consentimento como base da legitimação política é distinto do silêncio imposto, das fortes restrições à liberdade de imprensa, das manifestações de pura força por parte do Estado. A capacidade de manter um apoio social de tal sorte que a obediência não dependa do uso recorrente da força é o que caracteriza a legitimidade, inserindo-a na delicada combinação de um máximo de consenso com um mínimo de coerção. Essa não era a rea-

---

3 Pzerworski, Adam. "Como e onde se bloqueiam as transições para as democracias". In: Moisés, José Álvaro, Albuquerque, José A. Guilhon. (Orgs.) *Dilemas da consolidação da democracia*. Rio de Janeiro: Paz e Terra, 1989.

lidade do país: o regime procurava estabelecer uma *legitimidade pela legalidade imposta*, de acordo com as circunstâncias de cada momento, baseado em uma tradição normativista, para a qual o golpe de Estado era considerado uma revolução (no caso, de cima para baixo), e seus atos, legítimos. A legalidade fundaria com o tempo a sua legitimidade, isto é, a legitimidade estaria assentada na legalidade.[4]

Quanto à possibilidade de *pressões externas* insustentáveis, tampouco houve, por parte da sociedade, uma força incapaz de ser neutralizada pelo regime e que o obrigasse a uma reorientação de rumos. Embora não tenha sido desprezível a aproximação do MDB com movimentos de base, além do forte papel desempenhado pelas igrejas, OAB e ABI para o processo de abertura,[5] não se pode creditar a esses movimentos o início da transição política.

Já as fissuras no bloco governante, não havia indicações de que elas tivessem atingido dimensão suficiente para possibilitar um fim próximo do regime. Todavia, o acirramento das divisões internas ao aparelho militar poderia ampliar-se, dadas as divergências entre os diferentes setores das Forças Armadas quanto às tarefas a serem cumpridas pelo regime e, em decorrência, à duração dele. A continuidade da presença militar no centro do poder político traz conseqüências nefastas ao profissionalismo militar, já que amplia – pela *politização* de seus quadros – a presença de valores distintos da hierarquia e da disciplina e que, portanto, debilita seus próprios fundamentos. Contudo, o setor mais articulado com a área de informações e com o aparelho de "contra-insurgência", para além do impacto negativo de suas atividades, é que exerce maior pressão sobre o regime.

Em algum momento o regime dever-se-ia esgotar e o impulso inicial para a transição seria o de *institucionalizar* sua transitoriedade.[6] A liberalização deveria ocorrer, mas de forma a não colocar em risco o que era considerado como as bases da legitimação do regime. Além

---

4 Kelsen, Hans. *Teoria geral do Estado*. Coimbra: Armênio Machado, 1951.
5 Alves, Maria Helena Moreira. *Estado e oposição no Brasil* (1964-1984). Rio de Janeiro: Vozes, 1989.
6 D'Araújo, Maria Celina, Castro, Celso. (Orgs.) *Ernesto Geisel*. Rio de Janeiro: Fundação Getúlio Vargas, 1997. Em seu depoimento, Geisel menciona a necessidade de "normalização" do regime. p.168.

da aparência de legalidade – através do funcionamento do Congresso, a "eleição" dos presidentes e sua rotatividade, a existência de partidos políticos –, o regime intentava manter uma situação mínima de apoio, utilizando-se de fundamentos distintos, basicamente os elevados índices de crescimento econômico e pelo legalismo formal de que se revestiu. Acima de tudo, a liberalização deveria ocorrer de forma a manter um novo *locus* de poder para os militares, mas, ao mesmo tempo, indicar que o processo deveria desaguar na democratização, ainda que esse termo pudesse ser qualificado de formas muito distintas.

Os primeiros movimentos: a abertura por contenção

É a partir do governo Geisel que se inicia a fase de *descompressão* política, que passou a constituir uma nova base de permanência do regime. Se, no início da década de 1970, era recorrente entre setores militares e civis o discurso segundo o qual a "revolução" deveria prosseguir, pois a tarefa de moralização e de encaminhamento do país rumo à potência mundial ainda não estava concluída, ainda assim seus mais empedernidos defensores não a imaginaram perene, embora procurassem estendê-la ao máximo. A inflexão ocorre com Geisel: a *temporalidade* é introduzida no regime.[7]

Não obstante, a forma como se instituiu o processo de abertura é bem diversa de outros casos. A letargia foi definitivamente o selo dos que detinham poder de decisão. Ao contrário do retumbante tom heróico da Revolução dos Cravos em Portugal, o início do processo de abertura no Brasil ocorreu de forma discreta, simbolicamente diferenciada pelo empertigado antielã do prussiano Ernesto Geisel. A abertura deu-se não apenas intramuros, mas também não a acompanhou uma mediação política. Sem Orfeu ou outra divindade telúrica,

---

7 Mathias, Suzeley Kalil. *Distensão no Brasil*: o projeto militar (1973-1079). Campinas: Papirus, 1995.

ela se originou de uma prancheta do Estado-Maior, recendendo à decisão administrativa ou estratégica, mas sem o clamor popular, e, porque concebida como "segura", alijou a sociedade. Uma nova base de legitimidade do regime não implicava aproximar as Forças Armadas da sociedade, tal como no caso português. O desgaste das Forças Armadas portuguesas, percebidas socialmente como ligadas de modo intricado a um regime autoritário e como avalistas da permanência de um desgastado império ultramarino, criou a necessidade de um movimento de aproximação com a sociedade, uma "recomposição" do relacionamento Forças Armadas-sociedade.[8] Ao contrário, nada de heróico ocorreu na "abertura" brasileira, e a busca de outra base de legitimidade do regime passou a constituir uma atitude racional e organizada, rigorosamente planejada e comedidamente difundida.

Esse caráter difuso não é exatamente surpreendente. Também os abusos e graves delitos aos direitos humanos perpetrados pelos órgãos de repressão permaneciam na penumbra e não foram institucionalizados pelo regime. O desgaste do regime, nesses termos, permaneceu confinado a uma parcela restrita da sociedade. A ausência de "mães e avós" nas praças foi outra das características do regime militar. A censura e o medo usurparam da sociedade civil a "voz rouca" e tudo começou sem o verbo, mas de forma "lenta, gradual e segura". Os contornos restritos da abertura de um lado e a ausência de um caráter heróico de outro contribuíram para refrear a cisão das Forças Armadas, pelo reduzido personalismo do processo.

A busca da descompressão, referida a uma questão de Estado, também se articula com um fator mais diretamente ligado às Forças Armadas. A crescente autonomização do aparelho repressor do Estado trazia sérios riscos à disciplina e à hierarquia, valores fundamentais para o aparelho militar. O sistema de informações, e mais ainda o de repressão, havia criado mecanismos paralelos à cadeia de comando, o que provocava sérias distorções no padrão burocrático e verticalizado da estrutura militar.

---

8 Carrilho, Maria. *Democracia e defesa*: sociedade política e Forças Armadas em Portugal. Lisboa: Publicações Dom Quixote, 1994.

Além disso, a autonomia do sistema de repressão foi responsável por outra grave contradição do regime. A um grau mais elevado de centralização e concentração do poder correspondia um nível elevado de imprevisibilidade das ações que se apresentavam como originárias do aparelho militar em sentido genérico.[9] A estrutura hierárquica, comum às organizações burocráticas, com acentuada evidência entre os militares, fornece um grau elevado de previsão das ações institucionais.[10] Aqueles mecanismos paralelos rompiam com essa garantia, abrindo uma brecha perigosa à própria sobrevivência – naqueles moldes – das instituições militares.

Outra grave distorção surgida no regime com o processo de autonomia das forças de repressão é que estavam abertas possibilidades de conflito entre a Presidência da República, o nível mais elevado da *função política do Estado*, e o Ministério do Exército, instância da *função repressora do Estado*. Embora durante o governo Médici fosse crescente a autonomia do aparelho repressor em relação à função política, ela decresceu e um melhor equilíbrio foi atingido durante o governo Geisel.[11]

Ainda outro fator contribuía para descaracterizar a distinção necessária entre uma e outra função: a Presidência da República passou a constituir o último degrau da hierarquia militar, o que fatalmente motivou inúmeros conflitos entre grupos de poder no interior das Forças Armadas, constituindo fator de desagregação e de debilitamento da hierarquia. Embora o aparelho militar tenha procurado, ao longo da história republicana, apresentar-se como possuidor de um elevado grau de unidade doutrinal, o monolitismo político é uma ficção. Há cisões faccionárias perceptíveis em qualquer instituição militar.[12] Em diversos países nos quais ocorreram intervenções

---

9 Oliveira, Eliézer Rizzo de. *De Geisel a Collor*: Forças Armadas, transição e democracia. Campinas: Papirus, 1994.
10 Bañon, Rafael, Olmeda, José Antonio. *La institución militar en el Estado contemporáneo*. Madrid: Alianza Editorial, 1985.
11 Oliveira, Eliézer Rizzo de. Idem.
12 Janowitz, Morris. *O soldado profissional*: estudo social e político. Rio de janeiro: GRD, 1967.

militares a partir da década de 1960, podem-se ao menos perceber fissuras entre "duros" e "brandos".

Divisões internas do aparelho militar são recorrentes e não se pode creditar a elas a necessidade da transição, embora tenham um peso considerável. A questão central não foi a existência de divisões internas, mas a *autonomização* crescente de determinados setores e as dificuldades da instituição em controlar minimamente esse processo, pelo menos em nível suficiente para que as linhas de comando pudessem manter a *previsibilidade* das ações. As cisões no interior do próprio regime autoritário são um dos fatores desencadeantes de uma transição, ainda que não configurem, necessariamente, uma desintegração do bloco governante. No caso brasileiro, essa divisão começa a ser percebida no *interior das Forças Armadas*.[13]

Alfred Stepan[14] propõe uma distinção bastante útil para os propósitos deste trabalho, a qual será adotada com ligeira modificação. O autor classifica como sendo componentes de um regime autoritário militarizado: a) os *militares enquanto governo*, aqueles que lideram e dirigem o governo; b) a *comunidade de segurança*, constituída por militares envolvidos diretamente com a repressão, a tortura, a coleta de informações, as operações armadas e clandestinas; e c) os *militares enquanto instituição*, que compõem a grande maioria que permite o prosseguimento da rotina burocrática da instituição militar.

As dissensões do aparelho militar

Nos albores do golpe de 1964 havia a concepção de que a intervenção militar seria breve – cirúrgica – e, estabelecido um padrão menos entrópico da vida política, o controle político do país seria

---

13 Soares, Gláucio Ary Dillon, D'Araújo, Maria Celina, Castro, Celso. (Orgs.) *A volta aos quartéis: a memória militar sobre a abertura*. Rio de Janeiro: Relume-Dumará, 1995.
14 Stepan, Alfred. *Os militares: da abertura à Nova República*. 4. ed. Rio de Janeiro: Paz e Terra, 1986.

restituído aos civis nas eleições de 1966. Era esse o plano inicial do grupo de Castelo Branco,[15] indicando que um projeto de liberalização era justaposto à ruptura do regime legal. As possibilidades de uma intervenção breve foram rapidamente sepultadas com o aprofundamento autoritário do período Costa e Silva, e o grupo castelista viu-se afastado do centro político decisório, situação que se prolongaria durante o governo Médici.

E é exatamente nesse período que o segmento militar ligado às informações e à repressão havia atingido o mais alto grau de autonomia. Contudo, incorpora-se aqui um refinamento do modelo sugerido por Stepan. Inicialmente havia uma simbiose entre o sistema de informações e o aparelho repressivo. O conjunto era constituído, além do SNI, pelos centros de informações de cada uma das Forças (CIE, Cenimar, Cisa), pela Polícia Federal e pelos serviços reservados das polícias militares estaduais. Mas o "sistema" sofre modificações ao longo do período autoritário, de tal forma que durante o governo Geisel já é possível distinguir a área de informações da área de repressão, essa última com maior autonomia, conforme os acontecimentos do período atestam. É usual creditar-se ao SNI a responsabilidade total pela tortura e demais atividades de repressão, porém as ações desenvolvidas pelos atores do processo de distensão indicam que se faz necessária uma distinção entre as duas áreas.

No início do governo Geisel, a direção do SNI coube ao general João Figueiredo, afinado, até por interesses de médio prazo, à *entourage* que chegava ao poder.[16] Ao indicar Figueiredo para o SNI, Geisel buscava diminuir o poder do CIE, consideravelmente extenso no governo anterior.[17]

---

15 Soares, Gláucio Ary Dillon, D'Araújo, Maria Celina. (Orgs.) *21 anos de regime militar: balanços e perspectivas*. Rio de Janeiro: Fundação Getúlio Vargas, 1994.
16 Stepan, Alfred. Op. cit.
17 Depoimento do general Octávio Costa, in Soares, Gláucio, D'Araújo, Maria Celina, Castro, Celso. Op. cit., p.107. Na mesma direção, Geisel afirma que o erro foi a criação do CIE, da qual decorreu um paralelismo das atividades de informação. Ver D'Araújo, Maria Celina, Castro, Celso. Op. cit. p.367.

O processo de distensão revelaria uma nova arena de conflitos que refletia os riscos de deterioração da hierarquia e da disciplina militares. Além da autonomia do SNI, que Geisel buscou restringir, o desafio centrava-se nas relações do governo com os *militares ligados ao sistema de informações internos de cada Força e seu braço repressor (DOI-Codi)* e não diretamente com o SNI, órgão ligado à Presidência da República. Os componentes do CIE pertenciam, fundamentalmente, aos quadros regulares da tropa e tais militares é que representavam o perigo efetivo de quebra da estrutura hierárquica. Recorde-se que as mortes de Wladimir Herzog e Manuel Fiel Filho ocorreram em dependências do DOI-Codi em São Paulo, órgão diretamente ligado ao Ministério do Exército e não à Presidência da República. Os chamados "estouros de aparelhos", que ocorreram principalmente durante o fim dos anos 60 e início dos 70, também eram liderados por esses setores. A situação concreta não permite apreender o processo de uma forma tão simplificada, já que é evidente que havia uma ligação de todo o sistema de informações – SNI à frente –, mas a autonomia que se apresentava como uma cunha no aparelho militar era representada pelos órgãos de informação e repressão ligados diretamente a cada uma das Forças.

A distinção SNI/CIE é visível, por exemplo, na destituição de Frota do Ministério do Exército.[18] Embora desmentida por alguns de seus correligionários, Frota usava a estrutura do CIE para alavancar sua própria candidatura à Presidência da República e mesmo para buscar a derrubada de Geisel.[19]

No fim do governo Médici estava sinalizado que a capacidade de controle, por parte *dos militares enquanto governo e também enquanto instituição,* dos setores mais diretamente ligados à repressão reduzia-se de forma significativa. Para os *militares enquanto instituição,* a disciplina e a hierarquia estavam comprometidas devido aos mecanismos paralelos de poder estabelecidos pelo sistema de repressão, existindo a preocupação de que a instituição militar se descaracteri-

---

18 Stepan, Alfred. Op. cit. Stepan observa empiricamente esta distinção no interior da "comunidade de informações", mas a utiliza de forma breve em suas análises.
19 Alves, Maria Helena Moreira. Op. cit.

zasse, ao passo que para os *militares enquanto governo* aquela crescente autonomia comprometia a sistemática institucionalizada de evitar o aprofundamento de choques entre as instâncias de poder das Forças Armadas, mais especificamente do Exército e do próprio governo. A chegada de Geisel à Presidência restabelece a volta ao exercício direto do poder político do grupo *castelista*, mais identificado com uma posição de *liberalização* do regime, e que passaria a constituir o núcleo do governo, obrigando-o a retomar a subordinação da *função repressora* à *função política* do Estado.

Na esfera mais ampla do regime, o novo governo deveria sinalizar, tanto para a instituição militar como para a sociedade como um todo e para os líderes políticos, que haveria um processo de liberalização em curso.

Se os passos iniciais do projeto de liberalização podem ser localizados no centro do poder político do regime autoritário, não é crível considerar que todo o processo tenha sido conduzido segundo as estratégias inicialmente estabelecidas. Uma distinção entre *projeto* e *processo* de abertura política permite maior clareza analítica e rompe com a visão polarizada sobre as transições, que tende a enfatizar ou as pressões da sociedade ou os governos autoritários como responsáveis únicos do processo. O projeto foi claramente militar, mas o processo foi adquirindo uma dinâmica que não poderia ser controlada, em sua totalidade, pelo regime.[20]

Novas forças se revelam

Iniciada a transição *manu militar*, a sua dinâmica contou com mudanças constantes de rumo, devido a sinais de que se iniciava uma deterioração do regime. A constatação do fortalecimento da oposição ao regime, agora *por fora*, teve um preço bastante elevado. A perspectiva de vitória da oposição nas eleições de 1978 levou o governo Geisel a promover o recesso do Congresso Nacional em 1977,

---

20 Diniz, Eli. A transição política no Brasil: uma reavaliação da dinâmica da abertura. *Revista de Ciências Sociais*, Rio de Janeiro, v. 28, n. 3, 1985.

a fim de introduzir mudanças significativas nas regras do jogo político. O ato de força permitiu que fosse introduzido um conjunto de dispositivos acautelatórios para o regime: mandato de seis anos para o presidente da República; eleições indiretas dos governadores; eleição indireta de um senador por estado da federação; possibilidade de alteração da Constituição por maioria simples; redução do prazo de inelegibilidade para três meses e extensão da Lei Falcão para todas as eleições diretas. O caráter francamente casuísta deste ato – sustentado pela força das armas – indica a medida das pressões, ainda que potenciais, que a sociedade civil poderia impor ao regime. Dessa forma, se por um lado o processo de abertura procurava uma reformulação para o afrouxamento das regras de exceção, por outro criava mecanismos coercitivos dedicados a manter a liberalização sobre controle e com repercussões que se estenderão pelo menos ao longo do período de transição. Os atos de força atingiam dois endereços: demarcavam os limites do gradualismo à oposição e sinalizavam aos "duros" que o processo seria controlado pelo núcleo do poder.

O governo foi percebendo que as medidas corretivas adotadas forneciam uma base suficiente para manter os rumos gerais da abertura, tanto que no fim de 1978 o Ato Institucional 5 foi revogado, com os devidos cuidados em manter uma versão renovada da Lei de Segurança Nacional.

À descompressão seguia-se o fortalecimento da sociedade civil – mais acentuadamente parcelas da Igreja Católica e a OAB – como também o surgimento de um "novo sindicalismo".[21]

Quanto à oposição política, o quadro também começava a sofrer alterações crescentes. As eleições de 1974, embora tivessem mantido a hegemonia da Arena no total de governadores, fruto da eleição indireta para este cargo, levou o MDB a dobrar sua representação na Câmara de Deputados (de 87 para 165) e a triplicar no Senado (de 7 para 20).[22]

---

21 Keck, Margaret. "O 'novo sindicalismo' na transição brasileira. In: Stepan, Alfred. (Org.) *Democratizando o Brasil*. Rio de Janeiro: Paz e Terra, 1988.
22 Lamounier, Bolívar. "O 'Brasil autoritário' revisitado: o impacto das eleições sobre a abertura. In: Stepan, Alfred. Op. cit.

O processo de descompressão trazia ganhos consideráveis à oposição, ao reinserir a disputa eleitoral como parte do jogo político, obrigando o MDB a se estruturar como força política, enquanto o governo se beneficiava pela redução dos custos da coerção. Enfim, havia uma *normalização* progressiva que exigia novas conformações dos inúmeros atores.

Mas o desafio central do governo Geisel foi conter a linha dura, a partir da afirmação do comando político sobre os militares enquanto instituição e, sobremaneira, pela imposição de uma liderança conflitiva aos órgãos de informações e repressão. A fase de ampliação de concessões à sociedade civil solidificou-se somente após uma consolidação mais efetiva de controle sobre os "duros", enfatizando os fatores endógenos ao regime para a distensão. Os recuos e avanços da abertura promovida durante o governo Geisel[23] não prescindem de considerar o peso de outros atores, mas ficaria evidenciada a iniciativa constante do processo em mãos militares. De fato, as marchas e contramarchas do processo tiveram como elementos desencadeadores a iniciativa dos militares enquanto governo, em relação tanto aos "duros" como à oposição, que reagiam ou se adaptavam à decisão do líder.[24]

O saldo do governo Geisel, na perspectiva do projeto de transição, foi positivo. A linha dura foi constrangida a aceitar as mudanças, a partir do fortalecimento da direção política das Forças Armadas por parte da Presidência da República. No início do governo

---

23 Analiso esta dinâmica de recuos e avanços em Soares, Samuel Alves. Marcha Moderada: as estratégias de uma abertura por contenção. *Premissas*, Campinas, caderno 17-18, 1998.

24 Para usar um termo caro à Teoria dos Jogos, o jogo se estabeleceu com base no modelo de Stackelber (*Stackelber leader*). Ao líder cabe a jogada inicial, sendo seguida das reações dos demais jogadores. Nessa fase da transição, as mais graves decisões partiram do governo Geisel, ainda que muitas tenham sido reações posteriores à dinâmica do processo. Ver Varian, Hal. *Microeconomia: princípios básicos*. Rio de Janeiro: Campus, 1994; Guerrien, B. *La Theorie des Jeux*. Paris: Economica, 1993; Morrow, James. *Game theory for political scientists*. Princeton: New Jersey, 1986.

Figueiredo, o quadro de controle do processo altera-se, com um peso maior da sociedade civil e da oposição, efetivando a negociação como pedra de toque do regime.

A inflexão do processo de transição

Outros atores com participação ativa já a partir da década de 70 assumem novos e renovados papéis no cenário político, tanto os de caráter secular (como as Sociedades Amigos de Bairro) como os ligados à Igreja Católica (caso das Comunidades Eclesiais de Base). Um duplo conjunto de fatores relaciona-se ao florescimento da sociedade civil. De um lado, a liberalização do regime autoritário, embora em busca incessante por manter a abertura sob controle, necessitava paradoxalmente da ressurgência de contestação para manter uma credibilidade mínima. O jogo de "avanços" e "recuos", no dizer de Golbery do Couto e Silva, deveria ser suficientemente crível, de modo a indicar uma marcha para a frente e, dessa forma, os movimentos sociais se incorporariam ao processo de transição revigorados pela mobilização crescente. Se as trocas se efetivassem, com ganhos para ambos os atores, aquele movimento seria visualizado. Por outro lado, não havia apenas concessão do regime para o ascenso de movimentos da sociedade civil, mas a criação de um espaço de participação política lentamente conquistado.

A sociedade civil viu-se mobilizada em diversos âmbitos. O segmento mais participativo e mais bem informado possuía seus mecanismos de eco em relação ao regime, mais desgastado no fim dos anos de 1970 e início de 1980, devido a fatores de ordem política, como a luta pela anistia, o empenho pelo esclarecimento dos desaparecimentos de presos políticos e, mais diretamente, por fatores econômicos, tais como o ressurgimento da inflação, corrosão salarial, aumento da dívida externa e a política recessiva acordada em 1982 com o Fundo Monetário Internacional (FMI), o que redundava em ampliação da taxa de desemprego. Cumpriam esse papel organismos que se constituíam ou passaram a agir mais aguerridamente, como a Associação Brasileira de Imprensa, a Ordem dos Advogados do Brasil e um movimento *ad hoc*, o Comitê Brasileiro pela Anistia.

Os setores menos aquinhoados passaram a contar com novos mecanismos de participação, quer na cidade, quer na zona rural. No caso das Comunidades Eclesiais de Base, tratava-se de um novo *locus* de participação, fruto de uma simbiose pastoral e política e que incorporava concepções teologais e políticas em sua fundamentação. O crescimento desses núcleos foi vertiginoso em número e em expansão como proposta de ação comunitária. A participação e a possibilidade de "ter voz" permitiram que cidadãos comuns passassem a constituir fóruns de debates e de espaços de crítica inusitados para a cultura política brasileira. Para o presente estudo, importa considerar as implicações dessa mobilização para o processo de transição. Na campanha das Diretas Já as Comunidades Eclesiais de Base articularam um recrutamento consistente para a participação no movimento, o que refletia exatamente a metodologia do "ver, julgar e agir".[25]

De outra parte, um "novo sindicalismo" nascia das lutas por melhorias salariais a partir de 1977, principalmente no ABC paulista. Novo na medida em que rompia com os laços estatais-populistas dos antigos sindicatos, estabelecendo novas práticas de relacionamento entre as lideranças sindicais e suas bases e pela ênfase na organização dessas mesmas bases, lutava pela revisão da legislação trabalhista, além de inaugurar uma postura de afastamento do Estado.[26] A ação dos sindicatos foi incisiva e a deflagração de greves passou a constituir um mecanismo eficiente de mobilização e de busca de resultados concretos.

Quanto ao sistema partidário, embora a liberalização não contemplasse a possibilidade de efetiva disputa pelo poder, o processo de

---

25 Singer, Paul, Brandt, Vinicius Caldeira. *São Paulo: o povo em movimento*. Petrópolis: Vozes, 1980; Petrini, João Carlos. *CEBs: um novo sujeito popular*. Rio de Janeiro: Paz e Terra, 1984; Frei Beto. *O que é Comunidade Eclesial de Base*. 3. ed. São Paulo: Brasiliense, 1981.

26 Keck, Margaret. "O 'novo sindicalismo' na transição brasileira". In: Stepan, Alfred. *Democratizando o Brasil*. (Org.) Rio de Janeiro: Paz e Terra, 1985.

descompressão trazia ganhos consideráveis à oposição ao reinserir a disputa eleitoral como parte do jogo político, obrigando o MDB a se estruturar como força política.[27] Até mesmo os casuísmos impetrados pelo regime, como a Lei Falcão nas eleições de 1978, acabaram por propiciar a formação de uma aliança informal entre o partido e os movimentos da sociedade civil. Essa rede funcional de alianças foi um dos fatos mais marcantes dessa nova fase, à medida que o controle, por parte do regime, das demandas sociais e políticas e das ações correspondentes, era cada vez mais precário.

É portanto sob o signo de novas configurações na dinâmica do processo de transição que o governo Figueiredo teria um início bastante diverso de seus antecessores militares. Se o desafio central para a abertura proposta por Geisel havia sido conter a linha dura, agora o regime deparava com novos desdobramentos que exigiriam também novas posturas para levar adiante a liberalização, entre elas a capacidade de, efetivamente, negociar os termos da liberalização, sem perder, entretanto, a possibilidade de tomar iniciativas ainda significativas, ou a continuidade da "liberalização controlada da abertura"[28], mas agora adstrita a novas condições.

Em 1979 dois fatos merecem ser mencionados como emblemáticos dessa nova fase do processo de liberalização e refletem o tortuoso caminho das concessões e conquistas. O primeiro foi a promulgação da Lei da Anistia em agosto. Ela refletia a necessidade de se conter a mobilização em torno de uma demanda que se estabelecia entre duas dimensões complementares: não apenas a celebração de direitos civis – marco imprescindível para a efetiva liberalização –, mas também a de direitos políticos, à medida em ampliava os espaços da participação e, de expressiva importância, reconhecia os atores que se empenharam para sua conquista como interlocutores válidos, cuja capacidade de arregimentação atingiu o auge em 1978, quando da criação do Comitê Brasileiro pela Anistia (CBA).[29]

---

27 Lamounier, Bolívar. Op. cit.
28 Alves, Maria Helena Moreira. Op. cit.
29 Del Porto, Fabíola Brigante. A Anistia de 1979. *Cadernos de pesquisa do Núcleo de Estudos Estratégicos*, Universidade de Campinas, n. 1, mai. 1999.

Em contrapartida, o regime ressurge com seus já habituais casuísmos na busca por forjar uma nova base de legitimação. Os avanços eleitorais do MDB eram preocupantes, pois o crescimento da oposição poderia provocar alterações de fundo no projeto de liberalização, pelo risco palpável de vir a constituir maioria no Congresso e também nas assembléias estaduais. A Lei Orgânica dos Partidos Políticos, segundo fato marcante de 1979, promulgada em dezembro, seguia o "plano mestre" dos principais estrategistas políticos do governo Figueiredo (o ministro da Justiça, Petrônio Portela, e o chefe da Casa Civil, Golbery do Couto e Silva). Buscava manter maioria tanto no Congresso como nas assembléias, e assim garantir os resultados do Colégio Eleitoral que indicaria o sucessor de Figueiredo.[30]

De maneira sintética, os casuísmos referiam-se, além da extinção do bipartidarismo:

- à prorrogação dos mandatos de prefeitos e vereadores, sincronizando as eleições municipais com as gerais;
- ao Pacote de Novembro (1981), que incluía o voto vinculado, obrigando o eleitor a votar em um mesmo partido, sob pena de ter seu voto anulado (medida que visava fortalecer os votos no partido da ordem, mas que se mostrou pouco eficiente, já que apenas 4% dos votos foram nulos em 1982);
- à Emenda Constitucional em junho de 1982, que ampliava a filiação partidária – manobra para permitir o esvaziamento do PMDB e do PP; extensão dos prazos para entrar em vigor as cláusulas de barreira, evitando que pequenos partidos, como

---

30 A divulgação do "plano mestre" deu-se na palestra do general Golbery na ESG, em 1981. Utilizando-se de metáforas de manobras militares e enfatizando a concepção de sístoles e diástoles para caracterizar o processo político, o "bruxo" aludia à necessidade de dividir a oposição, para que, em uma manobra de linhas interiores, o regime pudesse controlar mais eficazmente a liberalização. Ver Couto e Silva, Golbery do. *Conjuntura política nacional: o Poder Executivo e a geopolítica do Brasil*. Rio de Janeiro: José Olympio, 1981. Para uma análise detalhada da palestra, ver Mello, Leonel Itaussu Almeida". "Golbery revisitado: da abertura controlada à democracia tutelada. In: Moisés, José Álvaro, Albuquerque, José Guilhon. *Dilemas da consolidação da democracia*. (Orgs.) Rio de Janeiro: Paz e Terra, 1989.

PDT, PTB e PT, se fundissem ao PMDB; ampliação do número de deputados da Câmara (agravando a distorção da representatividade eleitoral);
- à nova mudança nos mandatos municipais e à nova elevação do quórum para aprovação de emendas constitucionais para 2/3, no temor de derrotas para a oposição, e à modificação da composição do Colégio Eleitoral, que elegeria o sucessor de Figueiredo, pela utilização de um critério "senatorial" para a representação dos delegados das Assembléias Estaduais (um número fixo por Estado, independente da proporcionalidade em relação à população).[31]

Nem todas as ações do regime lograram o resultado desejado, já que a oposição conseguiu a maioria dos votos no país (embora as distorções na representação não permitissem equivalência em cadeiras na Câmara de Deputados). Tendo mantido a maioria do Colégio Eleitoral à custa de repentinas mudanças, a vitória do PDS foi de altíssimo risco, com apenas dezessete votos de vantagem sobre a oposição.

Como já aludido, os inúmeros "feitiços" do regime para manter seu controle de forma "legal" acabaram por proporcionar uma maior sinergia entre os partidos de oposição e os movimentos sociais de variadas ordens. As insatisfações reprimidas da sociedade civil agora possuíam um canal duplicado de manifestação, tanto pelos próprios movimentos quanto pela organização partidária. O papel da sociedade civil não foi o de provocar a abertura, mas criou constrangimentos eficazes ao exercício ditatorial do poder.[32] A demonstração do vigor desses sentimentos reprimidos viria à tona no movimento das Diretas Já, que mobilizou milhares de cidadãos ao encontro com parcela de sua cidadania subtraída. Ainda assim, o processo de

---

31 Fleischer, David. "Manipulações casuísticas do sistema eleitoral durante o período militar, ou como usualmente o feitiço se voltava contra o feiticeiro". In: Soares, Gláucio Ary Dillon, D'Araújo, Maria Celina. *21 anos de regime militar.* (Orgs.) Op. cit.
32 Lamounier, Bolívar. Op. cit.

liberalização controlada acabou por fazer valer sua parca maioria no Congresso, e a emenda Dante de Oliveira, pelas eleições diretas, foi derrotada. Se nesse caso o regime manteve seu "plano mestre", as eleições indiretas pelo Colégio Eleitoral tiveram um rumo distinto, embora não colocasse a base governista em pânico, dado que a eleição de Tancredo Neves foi fruto de intensas negociações com figuras-chave do próprio regime, inclusive com os militares enquanto instituição.

É justamente a fase pós-1982 que pode ser caracterizada como de negociações entre os moderados do regime e seus correspondentes na oposição. Essa aproximação ocorreu quando da votação das modificações na Lei de Segurança Nacional, que teve o voto da oposição, salvo o do PT, e que provocou um novo realinhamento das forças políticas.[33] De resto, as eleições de 1982 criaram as condições para a existência de uma "diarquia", já que duas bases, com distintas concepções de legitimidade, disputavam o Executivo, vergastando o regime pela sua própria lógica de se ver liberado a partir da esfera específica do político.

Tendo que arcar com os custos inerentes ao processo, tal como se apresentava naquela nova fase, os *militares enquanto governo* tiveram que se haver com os derradeiros espasmos da linha dura, que passou a perpetrar atos de violência com novas roupagens. Se até então as atividades de repressão estavam mais circunscritas aos porões da ditadura, aos embates contra a guerrilha urbana e rural, no início da década de 1980 esse segmento passa a agir com a volúpia do terror própria do desespero e como ultimato à sociedade como um todo. Bombas em bancas de jornais, carta-bomba na OAB e, como estertor do terrorismo, a tentativa de criar um fato consumado de graves proporções na atuação no Riocentro em abril de 1981. A farsa do Inquérito Policial Militar, obra-prima da petulância e do escárnio em relação à compreensão da sociedade, foi uma tentativa burlesca, se

---

33 Martins, Luciano. "A 'liberalização' do regime autoritário no Brasil". In: O'Donnell, Guillermo, Schmitter, Philippe, Whitehead, Laurence. *Transições do regime autoritário*: América Latina. São Paulo: Vértice, 1988.

trágica não fosse, de acobertar um segmento cada vez mais desacreditado: os militares ligados à repressão, mais precisamente pertencentes ao DOI-Codi do então I Exército. Se durante o governo Geisel foram estabelecidas novas bases para o enquadramento deste segmento, Figueiredo deu mostras de não ter mantido o controle, como seria o esperado, durante aquela fase de descompressão, ou pela carência de liderança ou porque estivesse excessivamente influenciado por lideranças militares que não se articulavam tão ativamente para fornecer um maior ritmo à abertura.[34] A desaprovação dos quartéis aos métodos empregados por esses segmentos pôde também ser verificada pelos protestos do Superior Tribunal Militar para aprovar o IPM.

O hibridismo institucional na abertura controlada

A década de 1980, na expressão de Bolívar Lamounier,[35] constituiu-se em um "feixe compacto e acumulativo de dificuldades", pelo aumento potencial do conflito social, decorrente das condições econômicas crescentemente adversas, mas sem a contrapartida de condições para uma atuação eficaz por parte do sistema econômico e da estrutura política. O regime já não mais balouçava sob a brisa do "milagre", mas contra a tempestade da adversidade econômica.

Os benefícios da descompressão por parte do governo, contudo, eram perceptíveis, enquanto a normalização progressiva permitia reduzir os custos decorrentes do uso permanente da força como forma de obter apoio aos procedimentos por parte da população. Ao revés, a longa e custosa transição brasileira acabou por criar uma *poliarquia perversa*, em que a sociedade inicia um processo de afastamento da dominação autoritária, mas sem a criação de mecanismos

---

34 Ver, entre outros, o depoimento do general Gustavo Moraes Rego Reis, em Soares, Gláucio Ary Dillon, D'Araújo, Maria Celina, Castro, Celso. Op. cit.
35 Lamounier, Bolívar. *De Geisel a Collor: o balanço da transição*. São Paulo: Sumaré, 1990.

institucionais de uma organização pluralista e independente. Sob o regime autoritário houve um esvaziamento da arena parlamentar-partidária e a exacerbação da hipertrofia do Executivo, aliados a um estilo tecnocrático de gestão da economia – sendo preservados os canais de acesso privilegiado das elites empresariais ao Estado – e à exclusão da classe trabalhadora.[36]

O longo curso da transição brasileira deu-lhe um caráter de excessivo gradualismo, permitindo uma continuidade das estruturas e instituições políticas do período autoritário. O gradualismo era necessário – na óptica do regime – para que o controle do processo fosse mantido, a fim de preservar a autonomia do aparelho militar, instituindo-se um novo padrão de intervenção. Ao mesmo tempo, constituía um fator de tranqüilidade aos setores mais "duros" que insistiam na perenidade da "revolução". Era imprescindível introduzir a transitoriedade "revolucionária", mas de forma a não gerar reações de monta nos setores da repressão. *Transitoriedade do regime* e *gradualismo na liberalização* constituíam os limites da primeira fase da transição, de sorte que ações estratégicas mais audaciosas poderiam provocar desequilíbrios em favor dos "duros", caso os militares enquanto instituição sentissem ameaças à instituição militar como um todo. Em entrevista a Stepan, Geisel afirmou que a abertura "não avançaria sem recuos", de forma a evitar que determinados avanços obrigassem a recuos irreversíveis.[37] Do ponto de vista estratégico, Geisel optaria por manobras mais conservadoras, que evitassem uma amplitude exagerada de obstáculos a serem transpostos. Assim é que, "nessas circunstâncias, havia de fazer concessões até para a obtusidade e para o preconceito".[38]

---

36 Diniz, Eli. "Empresariado, regime autoritário e modernização capitalista". In: Soares, Gláucio Ary Dillon, D'Araújo, Maria Celina. Op. cit.
37 Stepan, Alfred. *Os militares: da abertura à Nova República*. Op. cit.
38 Depoimento do general Gustavo Morais Rego, in Soares, Gláucio, D'Araújo, Maria Celina, Castro, Celso. Op. cit., p.58. Ou nas palavras de Geisel, "eu tinha que lutar em duas frentes: contra os comunistas e contra os que combatiam os comunistas". D'Araújo, Maria Celina, Castro. Celso. Op. cit., p.369.

A análise empreendida procurou mostrar como a atuação de lideranças de um segmento das Forças Armadas foi determinante para a condução da distensão política durante o último regime autoritário e, ainda mais, que o impulso central para a transição foi endógeno ao próprio regime. Esse fato reforça a tese da inorganicidade dos demais atores políticos, que, por motivos diferenciados, não tiveram condições, naquelas circunstâncias, de conduzir mais diretamente a transição. Coube ao setor *castelista* do aparelho militar definir, com acentuada autonomia, os limites e os meios do processo de abertura.[39]

Pelo seu caráter hermético, por depender de decisões e ações de um grupo restrito de militares, podem-se perceber não só as incertezas, mas também a fragilidade da transição. Ainda mais, o processo de liberalização do regime permitiu que o aparelho militar mantivesse uma posição privilegiada no interior da estrutura do Estado. Os representantes da "Sorbonne" atingiram, com êxito, seus objetivos. Um relativo grau de coesão interna foi mantido na instituição militar, ao lado de uma autonomia institucional e, mais grave, de uma autonomia política pouco adequada a um regime democrático.

A *abertura por contenção* levou o regime a perpetrar uma série de casuísmos, de forma a manter a distensão sob seu controle. A democracia que se seguiu imediatamente à abertura não foi necessariamente restrita, mas se criou uma situação em que os que estavam no poder não podiam perder.[40] Um retorno lento dos civis ao poder não garante, em um primeiro momento, que esse poder esteja desmilitarizado.

As peculiaridades da transição brasileira são ilustradas pelas prerrogativas militares mantidas após o seu término. Tais prerrogativas compreendem aqueles espaços sobre os quais, com ou sem contestação, os militares se percebem como legitimados para ocupá-los.[41]

---

39 Oliveira, Eliézer Rizzo. Op. cit.
40 Rouquié, Alain. "La desmilitarización de los sistemas políticos dominados por militares en América Latina". In: O'Donnell, Guillermo, Schmitter, Philippe, Whitehead, Laurence. *Transiciones desde um gobierno autoritario: perspectivas comparadas*. Buenos Aires: Paidós, 1988.
41 Stepan, Alfred. Caminos hacia la democracitización: consideraciones y análisis comparativos. O'Donnell, Guillermo, Schmitter, Philippe, Whitehead, Laurence. Idem.

A reduzida inserção da sociedade civil e da oposição política nos rumos iniciais da abertura evidencia o caráter problemático da transição brasileira. A inexistência de pressões externas para a derrocada do regime autoritário conduziu a uma transição menos drástica, mas, por isso mesmo, mais ambígua.

Neste sentido, o caso brasileiro distingue-se da transição espanhola, embora analistas procurem descobrir similitudes não tão evidentes. No caso da transição na Espanha, um longo processo de negociação permitiu que os moderados do próprio regime e os moderados da oposição criassem uma pauta de reformas que permitiram uma transição pactada. Já no Brasil houve uma transição "pelo alto" ou "por dentro", sendo que efetivas negociações foram bem mais reduzidas. O papel da sociedade civil não foi o de forçar o início da abertura, mas o de criar constrangimentos não-formais que se mostraram eficazes na resistência ao autoritarismo. Considerar essa situação como negociação é extrapolar os modelos propostos para explicar as transições.[42] Acompanham-se neste estudo as proposições, dentre outros, de José Álvaro Moisés, para quem tivemos no

---

42 Para o caso das tipologias sobre as transições ver O'Donnel, Guillermo, Schimitter, Philippe. *Transições do regime autoritário: primeiras conclusões*. São Paulo: Vértice, 1988; Share, Donald, Mainwaring, Scott. Transição pela transação: democratização no Brasil e na Espanha. *Revista de Ciências Sociais*, Rio de Janeiro, v. 29, n. 2, 1986; Linz, Juan, Stepan, Alfred. *Problems of democratic transition and consolidation*: Southern Europe, South America, and Post-Commnist Europe. Baltimore: The John Hopkins University Press, 1996; Przeworski, Adam. "A escolha de instituições na transição para a democracia: Uma abordagem da Teoria dos Jogos." *Revista de Ciências Sociais*, Rio de Janeiro, v. 35, n. 1, 1992; Shain, Yossi, Linz, Juan. *Between States*: Interim governments and democratic transitions. New York: Cambridge University Press, 1995; Share a Mainwaring consideram que a noção de transação sugere negociação, ainda que esta negociação não ocorra entre iguais, já que o regime toma a iniciativa da liberalização. Entretanto, o regime não tem controle sobre todas as fases da transição. As tipologias acerca das transições são modelos ideais típicos, o que evidentemente permite um grau de abstração bastante elevado. No caso das transições pactuadas ou por transação, as iniciativas para a deflagração do processo são do regime, sendo reduzida a mobilização popular ou de partidos de oposição. Posteriormente, a própria dinâmica do processo faz com que se ampliem os espaços de novos atores. Neste caso não é suficiente distinguir projeto e processo de distensão, mas perceber que os passos iniciais são centralizados.

Brasil, diferentemente do caso espanhol, *uma transição por continuidade*, caracterizada pela permanência da influência das Forças Armadas e pela presença significativa de antigos quadros políticos nascidos ou mantidos durante o regime autoritário mesmo em períodos posteriores ao da transição,[43] gerando ambigüidades no primeiro governo civil. Há uma certa reificação na idéia de negociação. A concepção de pactos implícitos, mesmo que as iniciativas da transição caibam recorrentemente ao regime autoritário, é uma tentativa de recorrer a modelos que avançam na explicação, mas que possuem certos limites em relação aos fatos.

As inúmeras salvaguardas do regime – anistia restrita, mudanças de regras do jogo político – foram literalmente impostas e não negociadas, ainda que se leve em conta que a oposição também auferia ganhos com o modelo de transição em curso ou que segmentos oposicionistas concordassem em manter o processo dentro de certos limites. A anuência sobre a dimensão e o grau da anistia foi, além de vantajosa para os minimalistas da oposição, o reconhecimento da fragilidade da sociedade civil e dos opositores ao regime. Convém enfatizar que isso não significa inexistência de pressão ou mobilização, mas simplesmente que as condições de cada um dos atores envolvidos foram muito desiguais, ainda que pressões e mobilizações tenham surgido mais freqüentemente entre os maximalistas da oposição.

Felipe Agüero sugere um modelo explicativo que leva em conta não apenas uma única dimensão. Há modelos explicativos que se baseiam nas condições em que se inicia a transição: por um regime que teve êxitos ou acumulou fracassos, como fazem O'Donnell e Schmitter; ou, na mesma linha, análises como as de Stepan, para quem as transições se distinguem se forem levadas a cabo por quem detém o poder autoritário ou pela oposição; ou ainda, Share e Mainwaring, que centram a análise no grau de influência do regime autoritário sobre o processo. Os modelos monocausais acabam por

---

43 Moisés, José Álvaro. "Dilemas da consolidação democrática no Brasil". In: Moisés, José Álvaro, Albuquerque, José Guilhon. (Orgs.) Op. cit.

dificultar distinções. Agüero sugere um quadro de dupla entrada, levando em consideração o grau de influência das elites do regime autoritário e o caráter civil ou militar das elites que controlam a transição, que é aqui apresentado de forma simplificada.

Quadro 1 – Tipos de transição de regimes autoritários

		Grau de influência do regime autoritário sobre a transição		
		Muito baixo (colapso)	Intermediário (desvinculação)	Alto (transação)
Caráter da elite dominante na transição	Civil	Grécia Venezuela		Espanha
	Militar	Portugal Argentina Uruguai	Equador Peru Paraguai	Brasil Chile

Fonte: Agüero, Felipe. Op. cit., p.122.

Ao se levar em conta as duas variáveis para a análise das transições, consegue-se distinguir com maior clareza os casos concretos, sendo que o caso brasileiro permanece em uma fronteira difusa, visto que o nível das negociações não foi muito acentuado. Mas importa destacar que o impacto decisivo sobre a transição é a capacidade dos militares de influir na agenda do processo, além do fato de que "o grau em que um regime autoritário é civil ou militar afeta o poder relativo dos civis ou militares no processo negociador que inicia a transição",[44] embora o autor advirta que a simples verificação de ocupação de cargos no primeiro escalão do governo não é suficiente para se considerar se um regime autoritário é civil ou militar, se não for considerado o grau de influência da instituição militar nas políticas governamentais. No Brasil, ainda que os militares tenham tido um controle acirrado sobre o poder de Estado, era maior a autonomia do Executivo em relação aos militares enquanto instituição e os mecanismos de participação militar estavam menos institucionaliza-

---

44 Agüero, Felipe. Op. cit. p.87

dos, se comparado a outros países que passaram pela experiência de regimes de exceção. Entretanto, a participação militar foi suficiente para que salvaguardas evitassem que houvesse alguma revisão do passado, mormente no que se referia aos atentados aos direitos humanos, o que mais uma vez sublinha o fato de que uma transição pelo alto e conduzida pelos militares traz uma série de conseqüências para a transição e mesmo para períodos posteriores.

Enfim, ao hibridismo do regime autoritário, aos seus inúmeros paradoxos e, acrescente-se, a um maior controle político sobre as Forças Armadas como instituição correspondia um espaço mais reduzido de participação da sociedade política e civil. Na fase em que se ampliam os espaços para essa participação, a autonomia militar diante do poder civil também se amplia, o que pode ser explicado por uma série de fatores: a) a agenda da transição é complexa e de tal envergadura e urgência que as questões acerca das relações civil-militares e as de defesa permaneceram no limbo do olvido, terreno sagrado e intocável, à medida que no sistema político brasileiro se consolidou a percepção de que esses são assuntos militares; b) a participação reduzida da oposição e da sociedade civil durante o início do processo transicional não permitiu que a agenda comportasse temas de grave sensibilidade para os militares e que permitissem a criação de mecanismos eficazes para a subordinação militar; c) os militares, por já terem historicamente consolidado um papel de relevo na esfera do Estado e por manterem o papel central do processo de transição, acabaram por manter ou mesmo por ampliar seus espaços de autonomia.

Deve-se acrescentar outros aspectos da situação brasileira e da interação entre sistema político e Forças Armadas, tais como a deflagração do golpe militar com acentuado apoio de setores diversos da sociedade civil e política; a busca da legitimidade e institucionalidade – funcionamento de partidos e do Congresso, ainda que com acentuadas restrições, eleições em alguns níveis, manietadas com certeza; menor institucionalização da repressão, se comparada a outros países sul-americanos. São essas as marcas legadas à Nova República, como se verá nos próximos itens.

Nova República: os odores do passado

A continuidade foi a principal marca da passagem de um governo liderado pelos militares para um primeiro governo civil e pode ser explicada por três fatores congruentes. Primeiramente, uma explicação de cunho mais estrutural refere-se ao âmbito da política. As possibilidades de modificações aprofundadas no sistema político foram ultrapassadas pelos fatos. As relações políticas tradicionais, de tal forma institucionalizadas, resistiram às expectativas de efetivação de metamorfoses significativas. Dessa forma, a hipertrofia do Executivo e sua contraface na debilidade do sistema partidário e representativo não foram alteradas ao longo da Nova República. A relação assimétrica entre Executivo e Legislativo não significava, porém, que o Estado pudesse corresponder às demandas crescentes da sociedade, principalmente às de cunho econômico e social. Por outro lado, o Estado patrimonialista permanecia com seu vigor errático, traço que o regime militar falhou em modificar-lhe a estrutura e os hábitos.

O segundo fator diz respeito às relações civil-militares e às possibilidades de efetivação de uma supremacia civil sobre o poder militar. Comparativamente, os militares no Brasil retiraram-se do exercício direto do poder com um grau de coesão institucional superior ao de outros países que emergiram de regimes autoritários militarizados, além de manterem um conjunto de prerrogativas que possibilitavam a permanência de um papel político relevante, ainda que em outros moldes. As circunstâncias conjunturais da posse de José Sarney – enfraquecido politicamente desde o início de seu governo –, a relação que manteria com os partidos e o Congresso e a baixa taxa de aceitação de seu governo pela sociedade civil – ainda que refreada no auge do Plano Cruzado –, criaram condições para a consolidação de um espaço político bastante específico dos militares e que se refletiria, por exemplo, na elaboração da nova Constituição Federal.

Outro ingrediente – de cunho mais conjuntural – do início da Nova República era a acentuada crise, ampliada pela superposição de demandas políticas, sociais e econômicas, com ênfase nestas duas últimas, daí advindo seu caráter emergencial que sobrestava a necessária reforma política que seria de esperar ao término de um regime autoritário. A situação econômica e social agravava-se pelo menos desde a recessão de 1981-1983 e as alternativas apresentadas ao longo do primeiro governo civil tiveram impacto expressivo perante a opinião pública, mas seus efeitos foram efêmeros.

Na esfera da política, a continuidade deitava raízes estabelecidas a partir de 1930, se entendida pelo prisma da formação do Estado. A ultrapassagem da fase agrário-exportadora e importadora de bens de consumo e de capital pela substituição de importações atrelava-se a um modelo de ação estatal e a um comportamento estabelecido de determinados atores políticos. Elites técnicas e militares, além de grupos emergentes como empresários, trabalhadores e setores médios urbanos, articularam-se no impulso da industrialização, cujo fundamento primeiro era a ação de um Estado forte. O Estado aparelhou-se a partir da concentração de recursos estratégicos, de um insulamento na tomada de decisões, de um relacionamento distinto com empresários e trabalhadores e de uma crescente debilidade em implantar políticas efetivamente públicas e consistentes. Paradoxalmente, à construção de um Estado forte seguia-se uma dispersão de poder e fragmentação da autoridade estatal pela competição interburocrática.[45]

A ordem patrimonial da tradição política brasileira compreende a autonomia cumulativa de poder do Estado e uma relação assimétrica em relação às benesses por ele concedidas, já que é reduzida a participação das camadas mais pobres, ao passo que há uma distinção de tratamento para setores específicos da sociedade, o que amplia as diferenças sociais com o beneplácito do Estado. Entretanto, os privilégios concedidos facilitam a constituição desses setores como *classe dominante*, mas, como a estrutura social permanece impermeável,

---

[45] Ver, entre outros, Diniz, Eli. *Crise, reforma do Estado e governabilidade*. Rio de Janeiro: Fundação Getúlio Vargas, 1997; Scwartzman, Simon. *Bases do Autoritarismo brasileiro*. Rio de Janeiro: Campus, 1988; Tavares, José Antonio Giusti. *A estrutura do autoritarismo brasileiro*. Porto Alegre: Mercado Aberto, 1982.

dificulta-se a constituição de uma *classe dirigente*, ocorrendo uma disjunção entre a estrutura de poder e a estrutura de dominação.

A agenda de reformas do regime militar indicava a necessidade de transformação deste quadro e compunha-se do enfraquecimento do populismo, restrição das relações patrimonialistas, redução da corrupção e instituição de novos moldes de comportamento político. Ao revés, essa pauta foi frustada, além de ser-lhe adicionado o enfraquecimento da esfera de representação, via partidos e Poder Legislativo, mantendo inalterada aquela disjunção entre poder e dominação. A não-renovação dos quadros políticos iria revelar-se como outra séria debilidade do sistema político na Nova República. A marginalização dos partidos e do Congresso nas graves decisões estratégicas induziu e realimentou a irresponsabilidade partidária, restringindo a atuação parlamentar ao mero jogo eleitoral. A atrofia do Legislativo, como também a dos partidos, não era uma novidade do regime autoritário, fruto da reserva de poder concentrada no Executivo e da capacidade estatal de produzir, por meios de portarias, regulamentos e decretos, a legislação que efetivamente orientava as ações políticas (herança dos anos 30 e, mais ainda, da fase populista).[46] O fato pouco auspicioso é que na Nova República o corporativismo não deu sinal de debilitamento, o que em nada favorecia a consolidação de uma ordem democrática plena, pois não se rompeu o antigo padrão de articulação Estado-sociedade.

O quadro mais geral da Nova República – fragilidade do governo, neopatrimonialismo, corporativismo e alijamento dos partidos e do Legislativo das decisões estratégicas – não se deu exclusivamente pelas características específicas da transição. Portanto, não se trata de superdimensionar os aspectos referentes ao processo de transição, tendo em vista que a marca da continuidade decorre de um modelo de formação do Estado que é anterior a ela. Mas não se pode reduzir o impacto transicional sobre a democratização, quer pelo caráter militarizado do regime, quer pela condução do processo pelos próceres do regime autoritário. Ou, como afirmam Linz e Stepan,

---

46 Souza, Maria do Carmo Campello. *Estado e partidos políticos no Brasil: 1930-1964*. São Paulo: Alfa-Omega, 1990.

"as origens da transição brasileira em um regime militar hierarquicamente comandado tiveram, evidentemente, inúmeras conseqüências nefastas para o processo de democratização".[47]

Governo civil e prerrogativas militares

As marcas da continuidade são visíveis no primeiro governo civil, após o longo período de governos militares, como no caso da forte presença de militares nos ministérios do governo Sarney. Completavam um time castrense no interior do governo os ministros das três forças: o chefe do Estado-Maior das Forças Armadas, o chefe do Serviço Nacional de Informações e o chefe da Casa Militar da Presidência da República. Principalmente os ministros da "casa" – chefe do SNI e chefe da Casa Militar – permaneciam em contato diário com o presidente da República, ampliando a possibilidade de influência direta e constante sobre as decisões de governo. Também era relevante o número de funcionários militares no Palácio do Planalto: 250 de um total de 1.900,[48] nada mais simbólico da militarização da sede civil do poder governamental, tendo em vista que esses militares eram os responsáveis pela segurança da sede do governo, pelas viagens presidenciais e pela produção de informações que alimentavam o cotidiano da Presidência da República.

Além disso, os ministros militares e o chefe da Casa Militar participavam do Conselho de Segurança Nacional, como de resto os demais ministros de Estado, na condição de membros natos. Entre atribuições relativas à segurança propriamente dita, esse conselho – órgão máximo de assessoria direta ao presidente da República – era responsável por "estabelecer os objetivos nacionais permanentes e as bases para a política nacional".[49] Importa destacar que a definição

---

47 Linz, Juan, Stepan, Alfred. *Problems of democratic transition and consolidation*: Southern Europe, South America, and Post-Commnunist Europe. Op. cit. p.166.
48 Dreifuss, René. *O jogo da direita*. 3. ed. Petrópolis: Vozes, 1989.
49 Constituição da República Federativa do Brasil de 1967 e Emenda Constitucional n.º l, de 1969, Arts. 87 e 89.

ideológica dos objetivos nacionais permanentes era primazia da Escola Superior de Guerra (ESG), a partir de sua doutrina de forte cunho organicista e, por extensão, o privilegiamento da ordem social como princípio e a segurança como norteadora das bases da política nacional. O molde sob os quais as decisões políticas eram estipuladas, além de seguir a orientação tecnoburocrática, filiava-se a uma perspectiva ainda mais conservadora e autoritária.

A participação militar nos governos havia sido uma prática recorrente ao longo do período autoritário. A tabela a seguir apresenta alguns dados demonstrativos dessa situação:

Tabela 1 - Presença de militares em ministérios. Brasil: 1964-1983

Ministérios	Total	Militares
Interior	5	3
Justiça	10	–
Relações Exteriores	3	–
Exército	7	7
Marinha	6	6
Aeronáutica	5	5
Fazenda	5	–
Transportes	4	3
Indústria e Comércio	8	1
Agricultura	7	–
Educação	9	2
Trabalho e Previdência	6	1
Planejamento	5	–
Comunicações	4	2
Saúde	6	–
Reforma Agrária	1	1
Casa Militar	6	6
Casa Civil	5	2
SNI	5	5
Secretaria de Imprensa	2	–
Total	116	43

Fonte: Huneeus, Carlos, Olave, Jorge. A participação dos militares nos novos autoritarismos: o Chile em perspectiva comparada, *Revista de Ciências Sociais*, Rio de Janeiro. v. 30, n. 3, 1987.

Embora algumas áreas dos governos do regime autoritário tenham sido exclusivas de civis, em tantas outras a presença de militares é relevante. Os dados apresentados na Tabela 1 indicam que 37 % dos ministérios, ao longo de 19 anos, foram ocupados por membros oriundos das Forças Armadas.

Todavia, a presença militar na Nova República, ainda que excessiva, não autoriza considerar o governo como militarizado. A estratégia da transição era a saída do exercício direto do poder – sempre mais complexa que a chegada – passando para uma modificada influência nas decisões políticas. Dessa maneira, a presença militar começava, nos primórdios da Nova República, a se transformar em base de apoio de um governo desfibrado, abandonando a prática direta do poder e assumindo o papel de contestador do regime.

A ação militar, para manter um espaço próprio no cenário político, seguia uma dupla gramática. Por um lado, pela *elisão*, ao manifestar a vontade militar por meio de vetos explícitos, como, por exemplo, à convocação de uma Assembléia Nacional Constituinte exclusiva para elaborar a nova Constituição ou aos projetos mais ousados de reforma agrária. A subtração da capacidade do poder civil em deliberar e agir, tendo como resguardo o uso possível da força, é um fator debilitador da democracia, pela inversão dos atributos das instituições políticas. Por outro lado, pelo *aditamento*, nas ocasiões em que o aparelho militar agia quer em benefício de seus quadros – em sentido mais corporativo –, quer quando impunha uma determinada concepção, como no caso da função constitucional das Forças Armadas na Constituição de 1988.

A gramática bifronte da atuação militar representa as duas dimensões da questão do controle civil sobre os militares, tal como apresenta Alfred Stepan[50]: "A dimensão da *contestação militar articulada* em confronto com as políticas do governo civil e a dimensão das *prerrogativas militares institucionais*" (grifos do autor). Se a *elisão*

---

50 Stepan, Alfred. "As prerrogativas militares nos regimes pós-autoritários: Brasil, Argentina, Uruguai e Espanha." In: Stepan, Alfred. *Democratizando o Brasil*. Op. cit.

e o *aditamento* estão mais próximos da contestação, são as prerrogativas militares e a consolidação de um papel político das Forças Armadas que "autorizam" sua ação, já que prerrogativas são entendidas como uma questão topológica, de espaços em que os militares entendem que devam manter controle efetivo. Stepan arrola 11 categorias de prerrogativas percebíveis em regimes pós-autoritários, das quais algumas serão analisadas para o caso brasileiro no decorrer do governo Sarney.

Há, nas análises sobre as relações civil-militares, centralmente sobre a questão da supremacia civil em regimes pós-autoritários, a ênfase sobre as possíveis insuficiências dessa supremacia naquelas situações em que, paralelamente a um projeto civil de transição, os militares apresentam seu próprio projeto ou quando o projeto castrense é hegemônico e o peso das perspectivas civis sobre a transição é pouco evidenciado. Todavia, muitas análises não diferenciam se esse projeto busca manter prerrogativas institucionais ou se interfere mais diretamente nas questões de governo ou de Estado. É preciso, portanto, que se diferenciem estas circunstâncias.

Pode ocorrer que o projeto militar articule uma visão de curtíssimo prazo que, embora diga respeito a questões de governo, se restrinjam a aspectos meramente institucionais ou corporativos ou, ao contrário, quando embute uma visão de longuíssimo prazo abrangendo questões que se refiram ao governo e às possibilidades de predominância civil sobre os militares. Cabe, dessa forma, perceber se as prerrogativas institucionais estiveram orientadas ao se consubstanciarem em ações, com vistas a guarnecer os interesses militares meramente corporativos ou consolidar posições de prazo mais longo e que são "estatais" (papel das Forças Armadas no sistema político, ordem institucional, conformação social, defesa etc.). De maneira geral, a tradição brasileira da inserção dos militares no sistema político tem se caracterizado pela sua abrangência, mas não se destacam posturas castrenses de empenho em defender posições essencialmente corporativas. Durante a Nova República não houve alteração substantiva desse quadro, embora um certo acréscimo de iniciativas mais institucionais pôde ser observado, tanto em questão de reaparelhamento bélico das Forças Armadas quanto em ações de cunho salarial.

Já a partir do primeiro ano do governo José Sarney, as Forças Armadas, mais especificamente o Exército, criaram um plano de reaparelhamento estabelecido em etapas. O plano do Exército, intitulado Força Terrestre (FT), previa três fases: fim dos anos 90 (FT-90), ao fim da década seguinte (FT-2001), e uma última etapa, para 2015. Esse período de uma geração não apenas refletia a capacidade de antecipação da Força, como era a tentativa de criar um fato consumado para o governo da época, como também para os subseqüentes. O plano foi gestado exclusivamente pelo Exército, sem a devida articulação com as demais Forças e menos ainda com uma política militar e de defesa. A forma de proposição e de acompanhamento do plano de modernização do Exército seria emblemática da autonomia militar na condução de temas de interesse castrense. A título de exemplo, tome-se o caso da duplicação da área construída da Academia Militar das Agulhas Negras (Aman), instituição de formação de oficiais de carreira do Exército. Em nenhum momento essa questão foi debatida para se definirem a oportunidade e a necessidade da medida, já que o fundamental é que a ampliação da área construída correspondeu ao acréscimo acentuado do número de oficiais formados a cada ano, alterando o quadro organizativo da Força, com fortes repercussões para o futuro (inserção desses oficiais nos corpos de tropa, aposentadoria, estrangulamento para as promoções a postos superiores etc.)

O plano do Exército previa atender a três aspectos: rearticulação da Força no território nacional; modernização e reaparelhamento; e formação e qualificação de pessoal. A alocação de verbas contava com aportes financeiros oriundos de outros ministérios, a partir de um critério de afinidade com atividades desenvolvidas pela Força, como, por exemplo, atividades na área de saúde.[51] Esses recursos, porém, não foram concedidos com prodigalidade. Em distintos momentos

---

51 "Modernização do Exército até 90 custa Cr 1 trilhão" e "Sarney e Sayad ajudam a raspar o cofre", *Jornal do Brasil*, 15.12.85.

cortes eram efetivados, atrasando o cronograma estabelecido e interferindo em programas de outras forças, como é o caso do atraso no desenvolvimento do Sonda IV, um projeto oriundo da Aeronáutica.[52] Na exposição de motivos apresentada pelo ministro do Exército, general Leônidas Pires Gonçalves, ao presidente Sarney, havia a indicação de que a FT-90 estaria voltada prioritariamente para a defesa externa. Todavia, a reestruturação da Força no território não se modificou de forma significativa, sendo mantida a localização de grandes comandos (divisões e brigadas) nas mesmas capitais e cidades de porte médio ou grande, evitando-se a perda de influência na Nova República pela fragmentação ou ocupação de áreas de menor peso populacional.[53] Decerto há outros fatores que afetam essas decisões, com destaque para os altos custos referentes às transferências de unidades militares.

Ainda um outro fator pode ser incluído no âmbito de questões de cunho institucional. Uma certa sensação de desprestígio permeava as relações civil-militares, já que os militares consideravam que a classe política e as elites, que a eles acorreram em determinadas ocasiões, agora não contemplavam, com a devida importância, os mínimos interesses da instituição militar. O orçamento e a disponibilidade de recursos vinculados ao preparo do aparelho militar transformaram-se em fator potencial de desestabilização. O sucateamento do material, as reduzidas verbas para pesquisas e, principalmente, as questões salariais tornaram-se pontos de possíveis e graves atritos com a classe política, somados às dificuldades de diferentes governos em apresentar um projeto factível que tratasse de maneira isonômica os salários da burocracia civil e militar do Estado. O anseio dos militares era de que, com um governo civil, suas necessidades seriam mais bem atendidas do que durante o regime autoritário, pois anteviam a possibilidade de exercer pressão sobre o Executivo e o Legislativo.

Após os dois planos econômicos lançados pelo governo – Plano Cruzado e Plano Verão – a pressão por melhorias salariais por parte

---

52 "Militares já reduzem orçamento", *Correio Braziliense*, 29.5.88.
53 "O Exército brasileiro e o futuro", *Correio Braziliense*, 30.8.87.

das Forças Armadas recrudescia, afetando inclusive o princípio da disciplina, como foi o caso da invasão da prefeitura de Apucarana, no Paraná, ocupada por militares liderados por um capitão. Dois ministros perderam seus cargos também por circunstâncias ligadas aos salários dos militares. À época surgia a movimentação por parte do capitão Jair Bolsonaro, que passou a representar segmentos mais reacionários dos quartéis e viria a se tornar deputado federal, uma das estratégias levantadas por militares da reserva para a consecução dos interesses militares.[54]

Mais grave para as relações civil-militares foram os "recados" do ministro-chefe do Estado-Maior das Forças Armadas, Valbert Lisieux, de que caso o governo não concedesse a isonomia salarial com base nos vencimentos dos juízes da Justiça Militar, haveria atos de indisciplina na tropa.[55] À atitude do ministro não correspondeu nenhuma ação por parte do governo, instituindo-se uma diferenciação de tratamento entre as reivindicações militares e as apresentadas pelos sindicatos de trabalhadores.

A polêmica, no entanto, seria mais contundente quando do lançamento do Projeto Calha Norte. O plano foi encampado, no nascedouro, pelo Conselho de Segurança Nacional, e baseava-se na ocupação do território amazônico a partir do binômio segurança e desenvolvimento, sendo que as regiões fronteiriças permeáveis ao narcotráfico e principalmente aquelas com potencial presença dos movimentos guerrilheiros colombianos foram privilegiadas, como a área da "Cabeça do Cachorro". Mas o contexto da Guerra Fria ainda se fazia presente. O chefe do Gabinete Militar, general Rubem Bayma Dennys, assinalaria que uma das fortes motivações para a implantação do Calha Norte era a suscetibilidade da Guiana e do Suriname à influência ideológica marxista.

Mas o embate mais localizado ocorreria entre as Forças Armadas e os ambientalistas, e, com ainda maior vigor, a Igreja Católica. En-

---

54 "O sindicato fardado", *Veja*, 5.4.89. Perderam seus cargos, por pressão salarial militar, os ministros Bresser Pereira e o ministro-chefe do Estado-Maior das Forças Armadas, brigadeiro Paulo Roberto Camarinha.
55 Resende, Pedro Paulo. "Para os militares, tudo", *Isto é Senhor*, 5.7.89.

quanto a Igreja considerava que o plano de ocupação acabaria por promover as chacinas de índios, as Forças Armadas temiam um movimento de internacionalização das áreas habitadas pelos índios. Houve atrasos na execução do cronograma por falta de liberação de recursos, mas também ocorreram transferências de verbas de outras áreas para o prosseguimento da implantação do Projeto Calha Norte, como do Programa de Redistribuição de Terra e de Estímulos à Agroindústria do Norte e do Nordeste.[56]

As Forças Armadas e o gabinete militar freqüentemente enfatizavam que o projeto não era apenas de natureza militar, mas visava à ocupação de uma área estratégica para o país.[57] Entretanto, por omissão de outros órgãos governamentais, e mais ainda pelo papel desempenhado pelos militares, o projeto corporificou uma autêntica óptica castrense. Havia a previsão de que também os ministérios do Interior, das Relações Exteriores e da Reforma e Desenvolvimento Agrário tomassem parte, o que de fato não ocorreu no período analisado.[58]

O debate sobre a viabilidade e a necessidade do Projeto Calha Norte foi substituído por uma ação autônoma das Forças Armadas, com reduzida participação de partidos e do Congresso. Havia suficientes motivos para considerar a relevância ou não do projeto: o narcotráfico, a ação de grupos guerrilheiros nas regiões fronteiriças amazônicas, a ação das madeireiras na floresta, a exploração dos recursos hídricos e minerais e o enorme potencial da biodiversidade. Um vício de origem acabou por provocar uma dissociação entre as instâncias que, em tese, participariam da definição da política a ser seguida. Embora as Forças Armadas insistissem, como citado, que o projeto não era militar, mas com origem no Conselho de Segurança Nacional, o andamento do Calha Norte, visto em perspectiva, evidencia a preponderância militar em sua condução, a partir da

---

56 "Exército já tem o dinheiro para a ocupação da fronteira norte", *Folha de S. Paulo*, 4.11.86.
57 Natali, João Batista. "'Calha Norte' é o último projeto de ocupação amazônica", *Folha de S. Paulo*, 23.11.86.
58 "Um projeto para 6.500 quilômetros", *O Estado de S. Paulo*, 29.1.87.

orientação ainda eivada de conotações esguianas nas formulações dos interesses nacionais. Enfim, um projeto com aquela envergadura revelou-se como mais uma das continuidades do governo civil com o regime anterior.

Transição e função constitucional das Forças Armadas

Reduzida a exuberância do Executivo após a *débâcle* do Plano Cruzado e enfraquecida sua posição diante do Legislativo, a fase da transição caracterizou-se por fortes demandas sociais e políticas, desde greves de variados segmentos até mobilização em torno do processo constituinte, escoadouro de um intrincado plexo de percepções de um novo ordenamento não apenas jurídico, mas que inaugurasse novos tempos para o país. Cercada de tantos interesses e expectativas, coube aos constituintes plasmar em um documento extenso e muitas vezes errático em sua forma e orientação a ampliação de direitos sociais e políticos, em um quadro de distintas e mesmo divergentes concepções e orientações ideológicas, o que, se não poderia ser diferente, acabou por forjar uma Carta disforme e, algumas vezes, contraditória.

Possivelmente as expectativas sobre o impacto real da nova Constituição fossem demasiadas, mas é inegável o caráter mobilizador do período, que permitiu uma melhor demarcação do espectro político, de alguma forma esmaecido pela campanha das Diretas Já e pela luta comum de boa parte dos partidos pelo fim do regime autoritário.

Uma Constituição, como ordenamento jurídico, não tem a capacidade de alterar significativamente um estado de coisas, porém não se pode menosprezar a força da regulação do direito positivo como orientador de condutas de agentes coletivos e individuais. Embora remarque, na essência, a soma dos fatores reais de poder, em posição distinta ao normativismo metodológico de Hans Kelsen, para quem uma Constituição se fundamenta na normatividade abstraída de elementos metajurídicos, a Constituição, pelo seu caráter normativo, ordena e conforma a realidade social e política, já que um de seus atributos essenciais é a imperatividade, pois contém não apenas uma prescrição, mas sobretudo uma ordem, uma força jurídica.[59]

No que toca à função das Forças Armadas, havia a oportunidade de efetivar um real avanço nesse tópico, mas o Congresso Constituinte[60] pouco se mobilizou pelo tema, como de resto a sociedade em geral. Outros temas mais candentes acabaram por atrair o interesse e o debate sobre as atividades constituintes. Os temas afins à defesa e à consolidação de um controle civil sobre as Forças Armadas não mereceram o destaque condizente com sua relevância naquelas circunstâncias, perdendo-se a chance de efetivar um melhor delineamento da institucionalização da supremacia civil.

De maneira geral duas posições se destacaram: de um lado, a dos partidos de esquerda, que intentaram modificar em maior profundidade a função constitucional das Forças Armadas, mas de forma desarticulada; por outro, a dos representantes da tese que acabou por vigorar, que evitavam modificar profundamente o que já havia se consolidado em constituições anteriores.

Essencialmente, o que se buscava definir nos debates da Constituinte era o caráter das Forças Armadas: se um sujeito político autônomo, um poder dentro do Estado ou um instrumento militar do poder político civil.[61]

Uma descrença parece que induzia muitos dos constituintes. Se nos planos econômico e social havia uma expectativa – respaldada por segmentos vários da sociedade – de alterar em profundidade a situação vigente de desigualdade e a herança política funesta, a órbita da política ficou presa a um ideário parlamentarista, que afinal não vin-

---

59 Ver Hans Kelsen. *Teoria pura do Direito*. São Paulo: Martins Fontes, 1991; Barroso, Luís Roberto. *O Direito Constitucional e a efetividade de suas normas*. 3. ed. Rio de Janeiro: Renovar, 1993.
60 Inúmeros setores da sociedade civil empenharam-se para que fosse convocada um Assembléia Constituinte para o exclusivo fim de elaborar a nova Carta, sendo dissolvida após a conclusão dos trabalhos. Essa tese não vingou, e os parlamentares, com mandato regular, foram encarregados da tarefa.
61 Oliveira, Eliézer Rizzo de Oliveira. *De Geisel a Collor: Forças Armadas, transição e democracia*. Op. cit.

gou. Em decorrência, uma reforma política significativa também não se deu, levando a um "travamento" na condução de modificações necessárias à transição. Mas no que se refere às "questões militares", a Constituinte estreitava-se entre o rompimento com o passado próximo da ditadura e uma inação que levaria a um prolongamento das relações civis-militares de acordo com a tradição republicana de elevado peso do papel político militar.

À primeira leva incluía-se a tentativa de barrar outros atentados à ordem democrática pela inclusão de normas constitucionais que proibissem golpes de Estado. Embora surja como uma proposta surrealista, à medida que a ruptura do arcabouço democrático se faz exatamente contra o estatuto da legalidade, no caso brasileiro não se pode esquecer a tradição formal-legalista das Forças Armadas, um dos aspectos que diferencia o caso brasileiro do de outros países com histórias de participação militar direta no poder político. É conveniente lembrar – ainda que se parta de um ponto de vista também excessivamente normativista – que também é função da lei seu caráter educativo, que se cumpre via recorrência. Um constrangimento seria criado aos militares ou àqueles que os seduziam para a ruptura legal se houvesse uma assertiva explícita de condenação à interferência política direta ao arrepio da lei, como atestam outras constituições subseqüentes a regimes autoritários.[62]

---

62 A Constituição da República Portuguesa, em seu artigo 275, alínea 4, considera que "As Forças Armadas estão a serviço do povo português, são rigorosamente apartidárias e os seus elementos não podem aproveitar-se da sua arma, do seu posto ou da sua função para qualquer intervenção política". Na mesma direção apontava a nossa Constituição do Império, que, em seu artigo 147, pontificava que "A Força Militar é essencialmente obediente, jamais se poderá reunir, sem que se lhe seja ordenado pela autoridade legítima. Ver Aguiar, Roberto A. R. *Os militares e a Constituinte*. São Paulo: Alfa-Ômega, 1986. A proposta de Constituição do Partido dos Trabalhadores, elaborada pelo jurista Fábio Konder Comparato, apresentava, em seu artigo 188, parágrafo segundo, a seguinte definição: "Constituirá crime, definido em lei, desobedecer o militar a ordem emanada do Presidente da República ou de Ministro de Estado, ou fazer pronunciamento público sobre a vida política e as instituições do País". Ver Comparato, Fábio Konder. *Muda Brasil*: uma Constituição para o desenvolvimento democrático. 2. ed. São Paulo: Brasiliense, 1986.

De fato, o tom que seria mantido ao longo dos debates, acerca da função constitucional das Forças Armadas, estaria dado pela Comissão de Sistematização, que em seu artigo 167 considerava que:

As Forças Armadas, constituídas pela Marinha, pelo Exército e pela Aeronáutica, são instituições nacionais permanentes e regulares, organizadas com base na hierarquia e na disciplina, sob a autoridade suprema do Presidente da República, e destinam-se à defesa da Pátria, à garantia dos poderes constitucionais e, por iniciativa de um destes, da lei e da ordem.[63]

Em segundo turno, a redação mudava ligeiramente, alterando-se o "por iniciativa de um destes", por "qualquer destes".[64] Salvo essa modificação, em aspecto polêmico e mal articulado que viria a provocar situações graves de limites de competência entre os poderes, a Constituição de 1988 adotou essa redação em definitivo, como atesta o atual artigo 142 da Carta em vigor.

De todo modo, algumas tentativas ocorreram no sentido de alterar esse quadro, mas as propostas de emenda apresentadas em plenário – tanto em número com em profundidade – indicam a importância do tema na elaboração da Constituição: quase nula. Um total de cinco emendas que tratavam da função das Forças Armadas foram apresentadas (de um total geral de 2.045 emendas).[65] Destas, três procuravam restringir ou abolir qualquer menção à possibilidade de utilização das Forças Armadas para a manutenção da lei e da ordem.[66] Os equívocos se somam na definição constitucional, que nada

---

63 Assembléia Nacional Constituinte. Projeto de Constituição (A), da Comissão de Sistematização. Brasília: Centro Gráfico do Senado Federal, 1987.
64 Assembléia Nacional Constituinte. Projeto de Constituição (B), 2° turno, da Comissão de Sistematização. Brasília: Centro Gráfico do Senado Federal, 1988.
65 Assembléia Nacional Constituinte. Projeto de Constituição (A). Emendas oferecidas em plenário. Centro Gráfico do Senado Federal, 1988.
66 São as seguintes propostas de emendas: 2P01227-2, do constituinte José Genoíno (PT); 2P01360-1, do constituinte Haroldo Lima (PC do B) e emenda 2P01603-1, do constituinte Waldyr Pugliesi (PMDB). Assembléia Nacional Constituinte. Projeto de Constituição (A). Emendas oferecidas em plenário. Centro Gráfico do Senado Federal, 1988.

mais foi do que a permanência de dispositivos que se adequavam aos interesses manifestos das próprias Forças Armadas, mas não exclusivamente, já que a possibilidade de manutenção da "função moderadora" articulava-se a interesses mais conservadores, para os quais o uso da força militar não poderia ser menosprezado em casos mais graves de atentado à ordem estabelecida. Os partidos progressistas, além de minoritários, estavam fragmentados.

A soma desses fatores levou o Congresso Constituinte a ter uma marca "conserviológica" (conservadora e fisiológica), dada a preocupação crescente de parcela significativa do empresariado nacional com os rumos da Constituinte no que dizia respeito a direitos sociais e econômicos. Segundo alguns representantes, as reivindicações de partidos e sindicatos pela ampliação de direitos inviabilizariam a vida econômica do país e eram consideradas como prenúncio de uma convulsão social.[67] Desse modo, a permanência do dispositivo constitucional da preservação da lei e da ordem não é surpreendente.[68]

A defesa da lei foi uma inscrição constitucional decorrente da proclamação da República e apresentada na Constituição de 1891, distorcendo a idéia de que cabe ao Estado a sua defesa e não às Forças Armadas.[69] A defesa da ordem, como situação distinta da lei, como ordem além da lei, irá surgir com a Constituição de 1934.[70] A repetição do dispositivo em 1988 seria mais uma peça-chave na manutenção de uma função ampliada das Forças Armadas, embora a ressalva de que o acionamento do emprego militar seria encargo de um dos poderes (posteriormente mais bem definida pela Lei Complementar 69/91), o que marca uma restrição à ação autônoma do poder armado.

Pouco se tem analisado, entretanto, sobre outro ponto do mesmo artigo 142 da atual Constituição, que versa sobre a garantia dos pode-

---

67 Ver Dreifuss, René. *O jogo da direita*. Op. cit. p.109.
68 Para uma análise detalhada dos trabalhos da Constituinte sobre as Forças Armadas, ver Oliveira, Eliézer Rizzo. *De Geisel a Collor: Forças Armadas, transição e democracia*. Op. cit., especialmente os capítulos 6 e 7.
69 Ver Ferreira, O. As Forças Armadas na Constituição. *Política e estratégia*. v. III, n. 3, jul-set, 1985.
70 Aguiar, Roberto. *Os militares na Constituinte*. Op. cit.

res constitucionais, versão atualizada da expressão inserida no texto de 1891, que às Forças Armadas incumbia sustentar as instituições constitucionais.[71] Garantir os poderes constitucionais – agora não mais constituídos como na Carta de 1969 – é de uma dubiedade jurídica e política nada desprezível. Se para a garantia desses poderes o instrumento a ser empregado é a força, é preciso que esteja claramente estabelecida contra quem e, ainda mais, é preciso verificar o que movia os constituintes republicanos a manter um mecanismo normativo que, no seu nascedouro, significava a segurança contra investidas que pudessem se efetivar contra a República recém-instituída por ação militar. Mas, no caso da Constituição de 1988, qual é o significado dessa assertiva? Pode permitir que a força armada do Estado se constitua ou como magistrado, acima dos demais poderes, enquanto não o vincula especificamente a um dos poderes, ou intenta colocá-lo a serviço dos três, embora a explicitação de sua subordinação ao presidente da República, o que, circunscrito ao texto da Lei Maior, pode ser foco de crises entre os poderes. Por fim, e mais grave, é preciso voltar à indagação inicial: garantia contra quem? Pode-se especular que os constituintes não se debruçaram sobre a hermenêutica do tópico, e apenas reproduziram uma proposição que fazia sentido para os detentores do poder em 1891.

O que se depreende do processo constituinte é que a manutenção da função constitucional correspondeu a uma solução de compromisso, embora com medidas levemente atenuantes,[72] correspondendo, acima de tudo, aos interesses militares claramente manifestados ao longo do processo constituinte[73] e levado a cabo pela pressão direta e pública na figura nos ministros militares, com destaque para o general Leônidas Pires Gonçalves, ministro do Exército, e por um bem concatenado *lobby*, demonstrando a capacidade das instituições

---

71 Ferreira, Oliveiros. Idem.
72 Mathias, Suzeley Kalil. Os militares na Constituição: a construção da autonomia. *Política e Estratégia*, v. IX, 1991.
73 Ministério do Exército, 1987; Estado-Maior das Forças Armadas, sugestões das Forças Armadas sobre a Constituinte, Brasília, 1987.

militares em se preparar previamente para a atuação política e de se antecipar aos acontecimentos. As Forças admitiam alguns retoques superficiais, desde que se mantivessem em essência as prerrogativas políticas que vigoravam desde o fim do Império, tendo sido rechaçadas as tentativas que buscavam mudanças mais acentuadas, que, afinal, foram pouco numerosas. Incluem-se, nesse caso, atribuições das Forças Armadas que ficassem circunscritas à Defesa Externa, em prejuízo das cláusulas relativas à manutenção da lei e da ordem, como também mecanismos que subordinassem claramente o poder militar ao poder civil.

Também por interesse militar foi mantida a restrição ao voto do conscrito, tal como considera o parágrafo 2º do artigo 14 da Constituição Federal. O temor da politização dos quartéis provocou um sério dano à soberania popular, instituindo cidadãos de segunda categoria, que, obrigados ao serviço militar, estão interditados de exercerem em plenitude o sufrágio, um direito político fundamental,[74] ainda que as limitações tenham sido menos restritivas que as constituições anteriores.

Quanto à reorganização dos ministérios militares pela criação de um Ministério da Defesa que conferiria ampliação da capacidade operacional do poder bélico do país, maior racionalização dos custos da defesa, substituição de visões e doutrinas não necessariamente complementares entre as três Forças e criação de mecanismos institucionais que redundariam em maior controle sobre o poder militar, o debate pouco avançou, além da clara manifestação militar contrária a sua adoção por parte das Forças Armadas. Ainda que a definição sobre a criação ou não de um Ministério da Defesa não seja matéria particularmente de competência de uma Carta Constitucional, a sua não-adoção representa mais um revés na busca de redução da autonomia militar, à medida que manteve a presença marcante de

---

74 O parágrafo em tela considera que: "Não podem alistar-se como eleitores os estrangeiros e, durante o período do serviço militar obrigatório, os conscritos." Constituição Federal, artigo 14, § 2º.

quatro ministérios militares, sem contar o gabinete militar e o Serviço Nacional de Informações.[75] Sobre as atividades de inteligência, o Congresso Constituinte pouco se referiu ao tema, e o saldo final é que o SNI sairia incólume do processo, o que se verifica pela baixa qualidade dos debates tanto em plenário, na Subcomissão de Defesa do Estado e de sua Segurança, quanto aos projetos apresentados.[76] De um lado, partidos e constituintes mais ou menos afinados ao regime autoritário ou que apostaram em uma transição indolor, temiam que movimentos em direção à extinção do SNI soassem às Forças Armadas como revanchismo. De outro lado, os constituintes ligados aos partidos de esquerda denotavam, muitas vezes – e não sem razões –, uma visão restritiva às ações de informações pela vinculação com a tortura e a perseguição. Dessa forma, os debates não ultrapassaram a superficialidade da questão, ora pela defesa de um serviço de inteligência em outros moldes, com a justificativa de que todos os Estados se fazem valer de seu uso para antecipar fatos e definir ações, ora pela sua erradicação pura e simples, evitando-se dotar o poder político de instrumentos de inteligência e contra-inteligência.[77]

Ainda sobre a forma de organização das Forças Armadas e a necessidade ou não de profissionalização de seus quadros, vigorou a visão militar de que o serviço militar deveria continuar sob os crité-

---

75 Em plenário, uma emenda foi apresentada visando à criação do Ministério da Defesa, substituindo os três ministérios das Forças singulares, além de pretender extinguir os cargos de ministro do Estado-Maior das Forças Armadas, chefe do gabinete militar e o chefe do Serviço Militar de Informações. Cf. "Emenda 2P01366-0", do constituinte Eduardo Bonfim (PC do B). Assembléia Nacional Constituinte. *Projeto de Constituição* (A). Emendas oferecidas em plenário. Centro Gráfico do Senado Federal, 1988.
76 Bitencourt, Luis. *O Poder Legislativo e os serviços secretos no Brasil: 1964/1990.* Brasília: Faculdades Integradas da Católica de Brasília, 1992.
77 Uma emenda apresentada em plenário, durante os trabalhos da Constituinte, advogava o fim do SNI, de autoria do constituinte Eduardo Bonfim (PC do B), de número 2P01376-8. Cf. Assembléia Nacional Constituinte. *Projeto de Constituição* (A). Emendas oferecidas em plenário. Centro Gráfico do Senado Federal, 1988.

rios da convocação obrigatória. Nesse ponto se apresenta uma tese bastante cara às Forças Armadas, mais particularmente ao Exército, que concebe seu papel como um elemento de integração nacional e de escola de patriotismo. A presença nacional está calcada, entre outros aspectos, pela conscrição dita universal, o que os fatos desmentem, já que, na prática, há cidadãos que são dispensados do serviço militar obrigatório não apenas por objeção de consciência, mas são incluídos no excesso de contingente por optarem pela continuação de suas atividades escolares ou profissionais. A definição sobre que tipo de Forças Armadas o país deve adotar obviamente recai sobre o poder político civil, pois se inscreve em uma temática de defesa e ultrapassa a autonomia meramente institucional das Forças Armadas. Mas não se pode considerar que esse formato tenha sido mantido exclusivamente pelo interesse das instituições militares, mas se assistiu, uma vez mais, a uma ausência de propostas minimamente razoáveis e que, nas circunstâncias da Constituinte, deveriam surgir de sua própria ação.

Ocorre que esse debate, após a campanha civilista durante a República Velha, teve reduzido impacto na opinião pública, fundamentalmente devido à ausência de conflitos bélicos que impunham a necessidade de emprego efetivo das Forças Armadas na defesa do país, o que manteve o tema em letargia. Por certo que a necessidade da existência de Forças Armadas não se liga, diretamente, à ausência de emprego efetivo. A própria existência de Estados-nação, mesmo contemporaneamente e de maneira geral, exige a existência daquelas forças e de seu preparo para emprego, mesmo que se considere a não-beligerância como orientação política. Sendo uma questão pouco sensível ao eleitorado, não é também surpresa que a Constituição Federal defina que às Forças Armadas cabe a atribuição de serviço alternativo, aos que alegarem imperativo de consciência para eximir-se de atividades de cunho militar,[78] como se o serviço militar não fosse uma prestação ligada ao Estado e sim ao seu poder armado.

---

78 Constituição Federal, art. 143.

No que tange à Justiça Militar e à esfera de sua competência, a atual Constituição pouco modificou o quadro anterior, que permitia que civis fossem julgados por crimes militares, tendo sido infrutíferos os esforços da Comissão Afonso Arinos em lhe restringir a ação apenas para crimes cometidos por militares.[79]

Ao fim, as implicações da função militar nos moldes da Constituição Federal apontam na direção de um modelo de autonomia, pois não rompeu definitivamente com injunções jurídicas que, de alguma forma, foram consideradas pelo próprio aparelho militar como legitimadoras das intervenções e de resto refletem as singularidades do período, marcado pela tutela das Forças Armadas ao governo Sarney[80] e, mais ainda, por uma tradição política que atribui às Forças Armadas funções que não lhe caberiam, mas que se institucionalizaram no sistema político, daí a dificuldade de alterações significativas.

Os nichos de autonomia ao término da transição

Retomando-se as categorias de análise no contexto da transição, tem-se uma visão perspectiva do nível de autonomia militar ao longo desse período. Importa ressaltar que são considerados também os governos Geisel e Figueiredo para essa análise. Ainda que não se possa considerar aqueles governos como poder civil, cabe a clássica distinção de Stepan entre militares enquanto governo e militares enquanto instituição. Essa distinção analítica permite perceber com maior propriedade a redução ou ampliação da autonomia militar no quadro da particular transição brasileira, apesar da presença direta no poder dos militares *enquanto* governo.

---

79 Ver Oliveira, Eliézer Rizzo. *De Geisel a Collor*: Forças Armadas, transição e democracia. Op. cit.
80 Ver Oliveira, Eliézer Rizzo de. O aparelho militar: papel tutelar na Nova República. In: Moraes, João Quartim, Costa, Wilma Peres, Oliveira, Eliézer Rizzo de. *A tutela militar*. São Paulo: Vértice, 1987.

Recorde-se que os critérios para o estabelecimento do nível de autonomia das Forças Armadas são considerados a partir da verificação, para cada categoria de análise, do grau de iniciativa e ações correlatas. A natureza da decisão e sua pertinência permitem delinear com melhor precisão o grau de autonomia militar. Se a natureza da decisão política decorrer de pressão explícita do aparelho militar ou for mantida uma situação de *status quo*, combinada com baixa pertinência da decisão para a efetivação do controle civil, o grau de autonomia militar será considerado como *alto*; no caso em que tanto o poder civil quanto as Forças Armadas participam de maneira similar na tomada de decisões, e sendo a pertinência orientada para a efetivação do controle civil, mas sem que a efetivação seja acentuada, o grau de autonomia será considerado como *médio*; e, nos casos em que o poder civil estabelece os rumos ou reduz as ações militares ao seu efetivo controle, somado a uma pertinência concordante a uma democracia política, aquele grau de autonomia será considerado *baixo*. Para facilitação da análise e como forma de manter um delineamento mais rigoroso, as duas variáveis mais as categorias de análise são apresentadas em forma de matriz, permitindo uma combinação mais efetiva dos seus "pesos".

Entretanto as categorias de análise propostas não se configuram simetricamente nos períodos analisados e as implicações de cada uma delas, em dadas circunstâncias, acarretam em implicações *no* e *do* sistema político, diferenciadas em grau e conteúdo.

Tendo em vista a elaboração da nova Constituição, há um peso mais acentuado para as expectativas do sistema político sobre a função, o papel e as missões das Forças Armadas. Mudanças mais ou menos acentuadas nessa temática estabeleceriam implicações em outras dimensões.

O quadro a seguir, ainda assim, apresenta essas categorias em combinação com as duas variáveis, entretanto não se deve descurar uma perspectiva diacrônica de análise.

Observe-se que ao quesito *decisão política*, quanto menor é o grau de propositura civil, menor é o índice obtido. Já para a *pertinência*, quanto mais se aproximar de uma situação de aprofundamento de-

Quadro 2 – Nível de autonomia militar nos governos de Ernesto Geisel, João Figueiredo e José Sarney

Categorias de análise	Decisão política	Peso	Pertinência	Peso	Resultado ponderado	Nível de autonomia militar
1. Expectativas do sistema político sobre a função, o papel e as missões das Forças Armadas	Baixa	3	Baixa	3	9	Alta
2. Participação dos civis na organização da Defesa Nacional	Baixa	3	Baixa	3	9	Alta
3. Dimensão das Forças, custo econômico e controle sobre recursos	Média	2	Baixa	3	6	Média alta
4. Capacidade de fiscalização do Congresso sobre as atividades militares	Baixa	3	Baixa	3	9	Alta
5. Decisões sobre a política de pessoal militar	Média	2	Baixa	3	6	Média alta
6. Foros especiais para militares	Baixa	3	Baixa	3	9	Alta
7. Produção de informações de inteligência	Baixa	3	Baixa	3	9	Alta
8. Atividades das Forças Armadas em ações de defesa interna	Baixa	3	Baixa	3	9	Alta
9. Educação e doutrina militar	Baixa	3	Baixa	3	9	Alta
10. Revisão sobre ações do regime autoritário	Baixa	3	Média	2	6	Média alta

mocrático, tanto maior será o índice conferido. Decerto esse pontual estratagema atende às formulações para um resultado ponderado na matriz, resultante da multiplicação dos índices. Note-se ainda que a um maior resultado corresponde um maior grau de autonomia.

Quanto ao primeiro ponto – *expectativa do sistema político sobre a função, o papel e as missões das Forças Armadas* –, o saldo do período da transição é considerado como *alto*, tendo em vista que as iniciativas de civis para a restrição da função constitucional e das missões atribuídas aos militares foram reduzidas ou são mesmo inexistentes, como se nota tanto nas iniciativas dos militares em preservar o que vem sendo a tradição republicana das Forças Armadas, como a desarticulada e débil ação do poder civil em conferir outra estatura para as atividades do aparelho militar. De mais a mais, durante os dois últimos governos militares não houve iniciativas no sentido de restringir o papel desempenhado pelos militares, salvo as manobras de Geisel para isolar o segmento ligado à tortura. Quanto ao papel, por se tratar de uma sedimentação histórica e institucionalizada, sua modificação depende, entre outros fatores, de alterações mais profundas exatamente na função e nas missões atribuídas às Forças Armadas, mas as indicações permitem considerar que as elites econômicas e políticas não alimentavam proposições de mudanças mais significativas nesse papel.

A *participação de civis na organização da Defesa Nacional* foi efetivamente pífia no período, muito em decorrência de uma tradição brasileira em considerar tais questões como sendo "de militares", o que reserva às Forças Armadas a plena justificativa de definir, por seus próprios meios e doutrina, o que consideram como mais adequado à defesa do país. Ainda mais porque a não-efetivação de um Ministério da Defesa se torna mais uma variável a dificultar uma visão de conjunto acerca dos temas de defesa, além da ausência de uma política de defesa nacional que determinasse prioridades e objetivo. O resultado é um alto grau de autonomia neste quesito.

Sobre a *dimensão das Forças, custo econômico e controle sobre recursos*, a partir do governo Figueiredo foi perceptível a redução do orçamento militar[81], e a Constituição de 1988 ampliou a participação do Congresso na elaboração do Orçamento Geral da União, sendo criados novos mecanismos para um acesso mais transparente aos gastos da máquina pública. Nesse sentido houve uma modificação mais acentuada, principalmente se comparada ao que vigorava durante o regime autoritário. Também é outra atribuição do Congresso a definição do efetivo das Forças Armadas, um mecanismo relevante para uma ampliação do papel do Poder Legislativo sobre questões militares e de defesa, embora não signifique que tenha sido empregado a contento.[82] Por outro lado, o orçamento não foi exatamente pródigo com os militares, repercutindo nas crises sobre o salário da tropa e redução de percentual orçamentário para a defesa. Por esse motivo o grau de autonomia é considerado *médio alto*.

Embora os mecanismos que capacitam o Congresso a atuar mais efetivamente sobre as Forças Armadas, *a capacidade de fiscalização do Congresso sobre as atividades militares* é considerada como um *alto* grau de autonomia militar, à medida que não se efetivou um maior envolvimento do Legislativo com dimensões sobre a defesa e atividades militares, como foi o caso do Projeto Calha Norte, no qual também se verificou a ausência de outros órgãos governamentais, permitindo que o projeto se espelhasse em uma concepção predominantemente militar. Já nos governos Geisel e Figueiredo, o papel do Congresso era ainda mais limitado e pouco espaço havia para uma maior inserção em temas dessa natureza.

Em relação às *decisões sobre a política de pessoal militar*, é possível distinguir nitidamente dois momentos. Durante o governo Geisel a política de promoção de oficiais generais e a definição dos grandes comandos eram uma clara atribuição do presidente em exercício. No governo Figueiredo, mais por temperamento do que por uma definição de conduta, o presidente esteve mais afastado das decisões sobre política de pessoal. No governo Sarney a situação não se altera,

---

81 A Tabela 2, no Capítulo 4, apresenta uma visão de conjunto de dados sobre o orçamento das Forças Armadas.
82 Artigo 42 da Constituição Federal.

mas as motivações são outras. Enfraquecido junto ao Congresso e à opinião pública, o presidente estava contido pela tutela militar exercida em seu governo, desautorizando que se considere que tivesse um maior envolvimento ou capacidade decisória para definir as promoções de generais, cabendo-lhe um papel de referendar as propostas dos ministros militares. Por sua vez o Congresso não possuía atribuições legais para referendar as promoções e designações dos altos chefes militares, função assegurada ao Senado para o caso de embaixadores. Desse modo, a autonomia militar é considerada *média alta*.

Como observado na análise da Constituinte, os militares mantiveram *foros especiais* de Justiça, dada a manutenção do arcabouço jurídico que conforma a Justiça Militar, que está habilitada mesmo para o julgamento de civis. Possivelmente a repercussão dessa definição constitucional seja uma peça para obnubilar julgamentos de policiais militares, mas se configura como um *alto* grau de autonomia no período.

Sobre o Serviço Nacional de Informações a situação também pode ser analisada de uma perspectiva bifronte. Para Geisel importava manter uma direção política mais clara e definida sobre a área de informações, com o objetivo de reduzir as pressões da linha dura, embora não tenha tido pleno êxito em controlar os diversos órgãos da "comunidade", mormente os ligados aos ministros militares. Uma ampliação da autonomia do SNI e dos órgãos de repressão pode ser verificada durante o governo Figueiredo. No caso, na Nova República, a manutenção do SNI, sob a direção de um oficial general, e de seus órgãos auxiliares nos ministérios permitiu ao órgão manter sua linha de atuação direcionada para movimentos sociais e partidos de esquerda. A Constituinte não alterou esse quadro, então o motivo de se considerar a autonomia militar como *alta* neste aspecto.

As *atividades das Forças Armadas em ações de Defesa Interna* constituem um segmento das operações militares de natureza bastante difusa. À primeira vista pode-se observar que houve uma relação direta entre o término do regime militar e a redução da ação militar na área de defesa interna. É possível considerar que tenha ocorrido um redirecionamento lento no profissionalismo militar (o que será analisado no capítulo 4), após a crise de identidade que se abalou sobre o aparelho militar no fim da década de 1980 e início dos anos 90. As ações na área de defesa interna dizem respeito tanto a concepções doutrinárias que concebiam certos segmentos da esquerda como a um novo tipo de inimigo interno, quanto à "nova esquerda" que intentava tomar o poder via eleições,[83] e se estende às ações dos serviços de informações de cada Força e ao preparo da tropa para situações de emprego contraguerrilha e contra distúrbios urbanos. A vontade determinante do estatuto constitucional de manter a lei e a ordem é mais uma evidência da importância atribuída pelas Forças Armadas neste campo. A marcada ausência do poder civil no âmbito da ação militar no período contribui para considerar que a autonomia militar foi *alta* nesta categoria.

A *educação e a doutrina militar* têm sido um tópico de tradicional autonomia militar. O sistema de ensino militar é extremamente bem estruturado e consolidado. Uma longa tradição, advinda já do Império, manteve as Academias Militares e as Escolas de Estado-Maior distantes dos ditames do poder civil. Os currículos, as ênfases em determinados temas, as orientações pedagógicas, a estrutura de ensino como um todo estiveram excluídos do âmbito de controle do poder civil e impregnados, em maior ou menor grau, pela perspectiva organicista da Escola Superior de Guerra, que, se não tem a importância que muitos analistas lhe emprestam, constitui um substrato ideológico importante para o meio militar, como unificador de uma proposta para o país e a sociedade. Desse modo, para o período considerado, o grau de autonomia militar é considerado *alto*.

Como pode ser destacado, houve movimentação mais intensa em relação à *revisão sobre ações do regime autoritário* durante o governo Sarney. As propostas por uma anistia mais ampla articularam partidos de esquerda e militares que haviam sido expurgados das Forças Armadas no início dos governos autoritários. Entretanto, a posição

---

83 Tratei deste tema em Soares, Samuel Alves. *Militares e pensamento político*: análise de monografias da Escola de Comando e Estado-Maior. Dissertação de mestrado, FFLCH-USP, 1994.

militar de não aceitar revisões, acompanhada da decisão de fortes lideranças civis em não criar o que consideravam como um clima de revanchismo, permite que se considere o grau de autonomia militar como médio alto neste quesito, já que as iniciativas de lideranças civis apenas corroboraram as posições militares.

O quadro, ao fim da transição, é um somatório de prerrogativas militares, de tutela sobre o poder político e debilidade das ações civis na direção da restrição da autonomia militar. Isso foi fruto de um descompasso das lideranças civis com temas de defesa, adicionado ao caráter conservador e até mesmo autoritário de parcela numerosa da elite política e econômica que, enxergando nos pleitos eleitorais o crescimento de movimentos sociais empenhados na luta pela reforma agrária, pela redução da carestia e contra a desigualdade um sinal grave de subversão à ordem estabelecida, preferiu manter as Forças Armadas como um instrumento que pudesse ser utilizado como último recurso. Por sua vez, os militares não economizaram esforços para se manterem acima das classes e dos partidos, adotando uma postura mais cautelosa e crescentemente menos visível no cenário político, demonstrando, mais uma vez, sua enorme capacidade de adaptação às novas circunstâncias econômicas e políticas.

3
PÓS-TRANSIÇÃO: FORÇAS ARMADAS E OS PRIMEIROS GOVERNOS CIVIS ELEITOS

Este capítulo analisa o período entre 1990 e 1994. Trata dos governos Collor e Itamar Franco, como também do papel exercido pelo Poder Legislativo no que toca às questões militares e de defesa, a partir de uma abordagem predominantemente diacrônica.

Esse período encerra uma série de mudanças políticas, sociais e econômicas, tanto no plano externo como no interno. No âmbito econômico, tem início a passagem de uma economia ainda marcada pela ação do Estado para uma fase de afastamento progressivo da esfera estatal no campo econômico, substituído pela ação do mercado. As configurações de poder, em termos mais gerais, refletiam a queda do regime soviético e o término da Guerra Fria. Nas relações civil-militares há novos ingredientes que plasmam uma etapa que reconduz essas relações para outros parâmetros. Para os militares é um tempo de redirecionamento e de percepção de um papel mais ou menos modificado, podendo mesmo aduzir a uma crise de identidade.

Os anos 90: as mudanças

No fim da década de 1980, o país recompõe um dos pressupostos básicos de uma democracia representativa, segundo as variáveis dicotômicas fundantes da teoria democrática de Robert Dahl: um sistema político será mais democrático à medida que a proporção em que a competição e a participação política estiverem mais presentes.[1]

As primeiras eleições livres para a Presidência de República após vinte e nove anos ocorrem em um cenário político no qual muitos partidos de esquerda passam a valorizar a via institucional de chegada ao poder e essa opção é também legitimada pela sociedade – vide a necessidade de um segundo turno entre Luiz Inácio Lula da Silva e Fernando Collor de Mello.

As eleições de 1989 constituem um teste às avessas para a consolidação da democracia, no que se refere ao grau de amadurecimento das relações civil-militares. Uma vitória dos partidos de esquerda colocaria em xeque a capacidade de as Forças Armadas conviverem efetivamente e de maneira democrática com posições antagônicas às predominantes no meio militar.

As profundas mudanças no cenário internacional contribuíam para reorientar as idéias em conflito. Por um lado, o término da Guerra Fria reduzia de forma marcante a dimensão simbólica da existência de um inimigo comunista no âmbito externo e tornava anacrônicas as posições direcionadas ao inimigo interno. A ameaça do inimigo insidioso era constantemente brandida ao se constatar situações em que a sociedade civil dava sinais de exaustão em relação ao regime autoritário. As atitudes tomadas pelos governos autoritários da América Latina, como de outras partes do mundo, apenas refletiam a política de "dissuasão" e "contenção" liderada pelos Estados Unidos,[2] mas de fato a postura norte-americana serviu como justificativa a toda sorte de ações contrárias à democracia em várias partes do mundo. Os anos 80 e início dos 90 são o período do pós-marxismo, quando o capitalismo se fortalece para "desfazer o marxismo no ar".[3]

---

1 Dahl, Robert. *Poliarquia: participação e oposição*. São Paulo: Editora da Universidade de São Paulo, 1997.
2 Chomsky, Noam. *Novas e velhas ordens mundiais*. São Paulo: Scritta, 1996.
3 Santos, Boaventura de Souza. *Pela mão de Alice: o social e o político na pós-modernidade*. São Paulo: Cortez, 1995.

De outra parte, nos anos 90, as concepções de ampla liberdade do mercado como regulador da economia e, por extensão, da vida social como um todo, marcadamente a política, tornam-se cada vez mais hegemônicas, embora as conseqüências não se fizessem esperar. A recusa sempre crescente em partilhar e uma estratégia de deterioração das bases do bem-estar social passam a caracterizar as sociedades que haviam se decidido por essa via, como a Europa central.[4] O quadro seria mais agudo nas sociedades periféricas destroçadas pelas políticas neoliberais, dependentes de tecnologias mais avançadas e encurraladas pelo decréscimo dos preços dos produtos primários e da necessidade de ajustes fiscais como ação quase única do Estado.[5] O capitalismo multinacional e a apologia do mercado vergarão, sob sua lógica, os países do entorno ao centro operativo das grandes corporações transnacionais. A pregação do Estado mínimo, a mercantilização das relações sociais, a cultura de massas e o consumismo como marca do sucesso incorporam-se ao discurso e às práticas predominantes.

Esses dois planos – político e econômico – constituem forças centrífugas em relação ao peso das Forças Armadas nas decisões estatais, tanto pela diminuição da importância do inimigo interno como pela nova articulação entre segmentos mais relevantes para o capitalismo da economia globalizada. Somente nos casos em que possa haver prejuízo aos interesses das grandes corporações ou que constituam elementos desagregadores dos países centrais é que reforçam a tese da forte presença militar, ainda que indiretamente, como sustentação a governos orientados para os novos parâmetros do mercado, mesmo que operem à revelia da ordem democrática.

As restrições à autonomia militar

A eleição de Fernando Collor de Mello reflete esse cenário mais amplo de mudanças, como também não foge aos marcos da tradição

---

4 Généreux, Jacques. *O horror político: o horror não é econômico*. Rio de Janeiro: Bertrand Brasil, 1998.
5 Furtado, Celso. *O capitalismo global*. 3. ed. São Paulo: Paz e Terra, 1998.

plebiscitária do país, apenas a confirma de forma redundante. Alçado ao cargo de presidente e disposto a realizar um movimento de inflexão econômica, de acordo com o modelo que se tornava hegemônico, Collor passou a atuar na esfera política como agente simultaneamente estabilizador – disciplinando particularismos – e construtivamente desestabilizador – isto é, guindado para realizar profundas e radicais mudanças.[6] As ações de seu governo serão a demonstração de que a Presidência plebiscitária acabaria por colidir com os marcos de uma incipiente consolidação da democracia.

Orientando suas ações por uma forte marca de menosprezo às estruturas políticas representativas, Collor procurava operar seu poder sem as mediações políticas dos partidos e de outras formas de organização da sociedade civil.[7] Somou-se a esse modelo de exercício do poder, o afastamento dos militares, de modo a criar um espaço político diferenciado do governo anterior e reconfigurar a vertente populista, agora com um aproveitamento mediático inexistente na fase de 1945 a 1964. Collor é um exemplo paradigmático de uma premissa básica das democracias delegativas: a autorização para que o presidente da República governe ao seu bel-prazer, destacado das ações partidárias, já que representa os interesses da nação.[8] Tendo em vista as reformas econômicas que desejava realizar e que atendiam à tendência de redução do aparato estatal na economia, as alianças necessárias para realizá-las não passavam pela caserna. Deliberadamente, desvinculou-se dos militares, fato que não se alterou mesmo durante o processo de *impeachment*.

Collor manifestaria a vontade de exercer seu direito de autoridade sobre o poder militar, como repetiu à exaustão em vários pronunciamentos e de forma acertada sob o ponto de vista político-jurídico, já que seu argumento central perante os militares era a referência

---

6 Lamounier, Bolívar (Org.). *De Geisel a Collor: o balanço da transição*. São Paulo: Sumaré, 1990.
7 Chauí, Marilena. Raízes teológicas do populismo no Brasil: teocracia dos dominantes, messianismo dos dominados. In: Dagnino, Evelina.(Org.) *Anos 90: política e sociedade no Brasil*. São Paulo: Brasiliense, 1994.
8 O'Donnell, Guillermo. Democracia delegativa? *Novos Estudos Cebrap*, n. 31, out. 1991.

à vontade das urnas e de sua condição de comandante supremo das Forças Armadas. Soube ainda se cercar de ministros militares de perfil político discreto, tanto pelo afastamento de atividades de repressão durante o regime autoritário como por uma postura de distanciamento de questões políticas próprias à esfera do poder civil. As ações de Collor não ficaram restritas à dimensão simbólica do discurso recorrente de sua autoridade sobre as Forças Armadas. A extinção do Serviço Nacional de Informações foi uma de suas decisões de maior impacto, embora tenha mantido, na Secretaria de Assuntos Estratégicos, sucessora do SNI, a incumbência de acompanhamento de questões internas. À Polícia Federal ficou o encargo de manter o governo informado de aspectos externos.[9] Todavia, boa parte da estrutura de informações oriundas do regime autoritário foi mantida, já que os Centros de Informações de cada força permaneceram incólumes, ou melhor, tiveram suas estruturas ampliadas pelo aproveitamento de parte dos recursos humanos do próprio SNI. A extinção do SNI trouxe uma dificuldade adicional, pois agora não havia mais uma estrutura centralizada de informações, que teria, em tese, suas ações orientadas para as necessidades da Presidência da República. Porém, na alçada dos ministros militares, permaneceu uma malha de informações presente em todo o território brasileiro e mesmo no exterior, já que os adidos militares das embaixadas brasileiras também a compõem.[10] Por outro lado, a escolha de Pedro Paulo Leoni Ramos para a Secretaria de Assuntos Estratégicos criou áreas de conflito com as Forças, pela inexperiência do secretário com os temas atinentes às informações e pela demissão de mais de uma centena de militares agregados ao SNI.[11]

---

9 "SNI continua na ativa". *Veja*, 4.4.90 p.37.
10 Entrevista concedida ao autor por membros do Centro de Inteligência do Exército, por ocasião da pesquisa Forças Armadas e Deomocracia: o papel do Poder Legislativo, realizada pelo Núcleo de Estudos Estratégicos, sob a coordenação do Prof. Dr. Eliézer Rizzo de Oliveira. A pesquisa contou com financiamento do Conselho Nacional de Pesquisa e da Fundação de Amparo à Pesquisa de São Paulo. Brasília, 10 de dezembro de 1998 (Entrevista não gravada, porque não foi autorizado).
11 "Problemas com o sistema", *Veja*, 28.3.90, p.63.

As dificuldades com a área de informações não se resolveram pela extinção do SNI. A autonomia do órgão deitava raízes profundas, entre elas a resistência em disponibilizar os arquivos e dossiês aos interessados.[12] Outros percalços adviriam da decisão de Collor sobre o SNI e a colocação da SAE sob controle civil. O general Pedro Luís de Araújo Braga, ao assumir o Comando Militar do Sudeste, pronunciou-se a respeito desse fato, considerando que os oficiais integrantes do órgão estavam legitimados a discordarem publicamente dos atos do presidente.[13] Embora o pronunciamento do general tenha ficado impune, a atuação presidencial era persistente, malgrado as resistências claramente expostas.

A extinção do SNI foi um passo importante para o fortalecimento da supremacia civil, por retirar do âmbito militar questões diretamente da alçada do governo. Mesmo o fato de resistências, explícitas ou não, a respeito da decisão presidencial por parte principalmente de integrantes do Exército, e que podiam ser consideradas como esperadas, não reduz a importância da decisão.

Quanto à presença de militares no primeiro escalão do governo, houve a redução do *status* ministerial do gabinete militar e do Estado-Maior das Forças Armadas. Esse fato é indicativo de um novo patamar de importância dos militares no governo que apontava para uma dimensão mais restrita das Forças Armadas.

Collor, bem ao seu estilo-espetáculo, promoveu o fechamento do campo de teste de Cachimbo, no qual as Forças Armadas realizavam experimentos para o que poderia ser o primeiro artefato nuclear do país.

Essas ações revelam uma busca mais ou menos delineada em romper com a tutela militar afirmada no governo Sarney, embora não se possa considerar que o ponto de limite de tolerância das Forças

---

12 "Arapongas não vestem pijama". *Veja*, 24.10.90, p.43. A referida matéria alude ainda ao fato de que agentes do extinto SNI, com acesso privilegiado a informações, estariam comercializando dossiês, via chantagem. Por outro lado, algumas ações do governo, como a demissão de um consultor jurídico do Ministério da Justiça, deram-se pelas informações constantes nos arquivos do órgão. Ver: "O ex-SNI acerta Ferraz", *Veja*, 22.8.90, p.28-29.
13 "De farda e pijama", *Veja*, 16.5.90, p.26-27.

Armadas tenha sido atingido. As ações de Collor caracterizaram-se por um forte conteúdo simbólico, tanto para demonstrar sua intenção de restringir o âmbito da inserção militar no governo quanto para denotar prestígio às Forças Armadas. Visitas a unidades militares, vôos em caças supersônicos, foram algumas das medidas adotadas e sempre acompanhadas pela mídia.

Em algumas circunstâncias, a ação presidencial foi rápida no sentido de afirmar sua autoridade, como no caso da denúncia de que o Ministério do Exército pretendia pagar preços superfaturados por uniformes. Collor mandou suspender a homologação da concorrência e apurar o caso. A reação do Exército também foi dura: o ministro considerava que havia uma "orquestração" por parte da mídia buscando desmoralizar as Forças Armadas. O chefe do Departamento Geral de Serviços foi além e afirmou que a concorrência não seria cancelada, por não ter havido irregularidade no processo.[14] Auditores do Tribunal de Contas da União confirmariam, posteriormente, que a concorrência era irregular. Mesmo uma investigação interna, feita pela Secretaria de Economia e Finanças do próprio Ministério do Exército, também constataria o superfaturamento.[15]

Enfim, as demonstrações de autoridade, acompanhadas de um perfil baixo em termos políticos de seus ministros militares, proporcionaram a esse governo um relativo avanço da supremacia civil, embora não estivesse isento de acontecimentos como manifestações de oficiais de alto escalão sobre a depauperação dos equipamentos militares e os salários reduzidos.

"Uma questão de segurança nacional" e a crise de identidade

Os salários dos militares transformaram-se em um ponto de constante atrito entre o presidente e as Forças Armadas. Nas palavras de

---
14 "As fardas milionárias de Tinoco", *Veja*, 30.10.91, p.18-23.
15 "Hora da verdade", *Veja*, 20.11.91, p.35.

José Sarney, no Brasil, "salário de militar é assunto de segurança nacional".[16] Uma das medidas consideradas saneadoras no aspecto administrativo, mas com claras repercussões políticas, era a possibilidade de uma reforma que contemplasse a isonomia salarial entre os três poderes. Distorções salariais de elevada monta criaram um quadro de manifestações dos militares. Os porta-vozes dessa demanda pela isonomia eram os militares da reserva e as esposas de militares da ativa. Esses movimentos não eram dissuadidos pelos ministros militares, já que serviam como válvula de escape para um descontentamento militar crescente. Em outras ocasiões, mesmo oficiais com elevadas funções manifestavam a insatisfação com os níveis salariais e com o debilitamento operacional da tropa. Foi o caso do general Antonio Joaquim Soares Moreira, chefe do Estado-Maior do Exército, que aludia a um "cenário de incertezas".[17] A atitudes como essa não correspondia uma contrapartida por parte do governo, o que realimentava posturas militares mais ousadas, pois as Forças Armadas se colocavam na posição de chantageadoras do Executivo. O problema dos vencimentos dos militares é um fator a mais nas crises políticas ao longo do período republicano, donde a pressão da cúpula militar e das bases da hierarquia acerca de salários não deve ser menosprezada.

Outro canal de ressonância da insatisfação da caserna foi o Clube Militar, que retomava suas antigas tradições de caráter sindical. Após o congelamento de salários determinados pelo Plano Collor houve intensa mobilização na entidade. Nesse caso, a ação do ministro do Exército, general Carlos Tinoco, foi de proibir que oficiais da ativa participassem das assembléias.[18]

Um ponto alto da crise foi um artigo publicado pelo ministro da Aeronáutica, brigadeiro Sócrates Costa Monteiro, que defendia uma mais clara interligação entre o social, o econômico e a segurança.

---
16 "Afago com cargo", IstoÉ, 24.3.93, p.22-23.
17 "O barulho dos soldos", IstoÉ, 22.4.92, p.26-29.
18 "Companheiros de pijama", Veja, 05.12.90, p.37.

Considerava que o país se tornaria atraente para investimentos externos se houvesse um ambiente de ordem e segurança. Como o equilíbrio entre o social, o econômico e a segurança era muito frágil, o ministro reclamava os gastos militares, queixando-se do sucateamento das Forças Armadas, o que deixava o tripé desequilibrado.[19] Também o ministro do Exército, general Carlos Tinoco, publicaria um editorial no Noticiário do Exército defendendo a isonomia salarial entre a tropa e os civis dos três poderes. No editorial, sob o título "Necessidade, urgência, Justiça", Tinoco queixava-se da "inexplicável postergação" em igualar os iguais.[20]

A tensão sobre esse tema poderia ter levado ao fulcro da questão. Em uma situação de crise econômica não haveria condições de dotar as Forças Armadas de meios adequados às suas funções e pagar salários correspondentes ao preparo e nível de responsabilidades de seus integrantes. O nó górdio da questão salarial residia na ausência de uma clara definição das atribuições militares em um país com características como o Brasil e nas suas implicações para a defesa e as relações intra-estatais, o que significaria inclusive a discussão aprofundada sobre o efetivo das Forças Armadas.

O governo Collor, todavia, não se fez orientar por uma política de defesa e uma política militar. As ações concretas tomadas pelo presidente se inseriam em sua lógica de criar um espaço próprio no cenário político, mas não contemplavam definições de médio ou longo prazo sobre o papel e as missões das Forças Armadas.

A redução salarial e as dificuldades inerentes a uma crise econômica repercutiam nos quartéis e, em parte, eram entendidas como sinais de desprestígio. A externalização desse sentimento transparecia como uma demanda para que as missões e os papéis fossem claramente definidos. As indefinições sobre esse campo sensível em um processo de consolidação da democracia repercutiram no interior do que se convencionou chamar de *crise de identidade* militar. A crise de

---

19 Monteiro, Sócrates da Costa. "A tríade fundamental", *O Estado de S. Paulo*, 30.4.92, p.2.
20 "Adesão de peso", *Veja*, 30.4.92, p.30.

identidade referia-se à razão de existência de Forças Armadas e era resultante de processos políticos nacionais e internacionais.[21] Sem dúvida, o impacto das mudanças internacionais foi considerável no início dos anos 90. Pressões mais ou menos veladas sugeriam a constituição de mecanismos regionais de defesa, reduzindo as Forças Armadas ao combate ao narcotráfico e à atuação como polícias de fronteira. No âmbito interno havia propostas de modificação do estatuto das Forças, inclusive para que se transformassem em forças de autodefesa.[22]

O que se apontava como sendo uma mudança das *missões* das Forças Armadas encobria, isto sim, o reconhecimento, ainda que difuso, de que o *papel* dos militares não estava suficientemente equacionado, o que poderia significar uma *crise de identidade* para a instituição militar. O contexto externo das mudanças ideológicas do mundo pós-Guerra Fria e as condicionantes internas relativas à consolidação da democracia criavam condições novas que sugeriam ou mesmo impunham ao sistema político uma redefinição do papel de seu braço armado.

Inicialmente, estão as *mudanças no âmbito mundial* que substituíram o conflito Leste-Oeste por outro ainda não claramente definido entre Norte e Sul. Essas mudanças conduziram a um acentuado deslocamento da idéia de tentativas revolucionárias de esquerda minimamente factíveis, especificamente aquelas que envolvem o uso de uma ação armada por parte do tradicional inimigo interno. Até mesmo atuações que visassem implantar a "revolução" por via institucional seriam minimizadas.

Por outra parte, *novas configurações geopolíticas* e de Segurança Internacional e Regional apresentavam-se principalmente em rela-

---

21 Oliveira, Eliézer Rizzo de. *De Geisel a Collor: Forças Armadas, transição e democracia*. Campinas: Papirus, 1994.
22 Proposta do deputado Maurílio Ferreira Lima (PMDB-PE), que transformaria o país em não beligerante, sendo que as Forças Armadas seriam organizadas de forma não ofensiva e subordinadas a um único Ministério da Defesa. Ver o artigo "Fora da realidade", de Rafael de Moura Neves, *O Estado de S. Paulo*, 25.4.92, p.2.

ção ao Cone Sul. Elas reorientaram as preocupações com a Defesa Externa, o que incluía planos de reorganização das Forças Armadas no sentido de melhorar a capacidade defensiva, buscando-se a preservação da integridade territorial, especialmente em relação à Amazônia (Projeto Calha Norte) e à região Centro-Oeste. No que se refere à defesa marítima, a Marinha de Guerra começava a realizar pesquisas no sentido de viabilizar a construção de submarinos com propulsão nuclear, indicando o Atlântico Sul como espaço geoestratégico de especial interesse.[23]

Finalmente, porém não menos importantes, estão as circunstâncias de *ordem interna*. Novos atores (movimentos da sociedade civil, sindicatos, ONGs) articulavam-se politicamente, partidos se consolidavam em âmbito nacional, mesmo aqueles dotados de novas colorações ideológicas. Procedimentos como eleições livres tornavam-se rotina, modificando profundamente a face processual da democracia.

Essa série de injunções de variadas ordens e dimensões acabou por conduzir a alterações na mentalidade militar e gerou uma *crise de identidade* ao introduzir um fator de tensão entre a manutenção de antigos valores consolidados ao longo da história republicana e a inserção minimamente adaptada aos novos tempos.

Além de marcada pela confluência de questões nacionais e internacionais, essa crise esteve também relacionada à ausência de um projeto da sociedade como um todo e da classe política em particular, no que se refere ao papel a ser desempenhado pelas Forças Armadas na nova conjuntura. A carência dessa definição, embora fosse explicitada como uma tarefa civil, ensejava que as próprias Forças estabelecessem sua orientação profissional. Era, nesse sentido, funcional para a continuidade de parcelas de sua autonomia. Nesse aspecto, a crise de identidade deve ser relativizada, pois não se tratava de um processo interno ao aparelho militar, mas da percepção de uma desvalorização de sua importância em determinados segmentos ci-

---

23 Flores, Mário César. *Bases para uma política militar*. Campinas: Editora da Unicamp, 1992.

vis, mais notadamente no plano da representação política e em alguns de seus corolários: o distanciamento e mesmo a superficialidade do tratamento de questões militares e de defesa por parte do Poder Legislativo. No limite, tratava-se de uma *crise de legitimação*, a qual poderia acarretar prejuízos às demandas militares, dimensão que era claramente intuída e percebida no cotidiano dos quartéis.

As dificuldades em apresentar ao país e à classe política a dimensão de sua própria relevância no sistema estatal criariam as condições para a crise de identidade das Forças Armadas. Entretanto, se uma crise de identidade é caracterizada pela percepção, por parte de um ator político, de sua existência tornar-se irrelevante em determinados moldes, nota-se que a aludida crise era oriunda do exterior, já que lida como uma campanha deliberada para ridicularizar as Forças Armadas.[24] Se, de alguma forma, os militares se questionaram sobre o seu próprio papel, muito mais reagiram à ausência de uma definição mais clara sobre suas missões, que fossem legitimadas pelo sistema político, bem como pelas posições de determinados segmentos sociais que distorciam, na visão militar, o seu papel historicamente sedimentado.

Por outro lado, a crise salarial foi utilizada pelo governo para jogar os militares contra o Congresso. O Congresso havia derrubado a Medida Provisória 296, que reajustava os vencimentos dos servidores públicos. O presidente Collor incentivou os ministros militares a elaborarem e distribuírem nota de protesto.[25]

A saída para o impasse dos salários deu-se por uma iniciativa unilateral das Forças Armadas, que concederam 20% de reajuste salarial a partir da utilização de um fundo para uso em caso de emergências, próprio de cada uma das Forças, antecipando-se, dessa for-

---

24 "General se queixa de críticas contra militares." *O Estado de S. Paulo*, 21.4.91.
A matéria refere-se ao pronunciamento do general Jonas de Morais Correia Netto, ao deixar a chefia do Estado-Maior das Forças Armadas.
25 "Baioneta no altar", *Veja*, 10.7.91. p.16-22. A nota foi redigida pelo almirante Mário César Flores, ministro da Marinha, que considerava que o país era atrapalhado por duas instituições: o Legislativo e o Executivo, por não funcionarem harmoniosamente.

ma, a qualquer ação governamental,[26] o que bem caracteriza a afirmação de Eliézer Rizzo de Oliveira, para quem:

> As Forças Armadas fazem parte do sistema decisório na hipótese de emprego do instrumento militar do poder de Estado; na hipótese de demanda de bens tais como prestígio, missão, recursos materiais e financeiros, o aparelho militar aparece mais como externo ao sistema decisório do que como parte dele [...] tendendo a construir uma identidade por oposição aos centros decisórios.[27]

Se o remédio à crise de identidade era a demonstração de autonomia no encaminhamento de demandas institucionais, a identidade construída de forma autônoma se revelava na continuidade da primazia do tema da Amazônia entre os militares. A Amazônia e o Calha Norte tornam-se temas recorrentes na caserna e nos pronunciamentos militares.[28] Entretanto, o governo Collor pautava-se por novos moldes nas relações internacionais, um internacionalismo moderado, no qual a defesa do meio ambiente e da floresta tropical se alinhava como um dos recursos singulares para as mesas de negociação. Embora essa postura tenha ampliado a condução política civil nesse setor,[29] não implicava, todavia, distanciamento militar da questão amazônica.

Outro aspecto das relações civil-militares estava por ser equacionado. Do ponto de vista normativo, somente em 1991 a Lei Complementar 69[30] disporia sobre a organização, o preparo e o emprego das Forças Armadas, regulamentando o artigo 142 da Constituição Federal. O ponto mais relevante da lei definia o emprego das Forças Armadas, tarefa de responsabilidade exclusiva do presidente da República, ou por iniciativa própria ou por pedido manifesto de

---

26 "Tropa de Elite", *Veja*, 10.8.91, p.28.
27 Oliveira, Eliézer Rizzo de. *De Geisel a Collor: Forças Armadas, transição e democracia*. Campinas: Papirus, 1994. p.199.
28 "Exército quer ampliar Calha Norte", *O Estado de S. Paulo*, 22.8.91
29 Hunter, Wendy. *Eroding military influence in Brazil: politicians against soldiers*. North Carolina: The University of North Carolina Press, 1997.
30 Lei Complementar nº 69, de 23 de julho de 1991.

qualquer dos poderes constitucionais em suas instâncias máximas.[31] Resolviam-se as distorções havidas anteriormente, como o caso de Volta Redonda, em que o Exército foi acionado por um juiz federal. A exclusividade do presidente da República em autorizar o emprego das Forças Armadas é adequada do ponto de vista da unidade de comando, mas o fato de a decisão não ser legitimada pelo Congresso posteriormente afeta o equilíbrio entre os poderes do Estado.

É prerrogativa exclusiva do Congresso Nacional, de acordo com o artigo 49 da Constituição Federal, alínea IV, aprovar o estado de defesa e autorizar o estado de sítio ou suspender qualquer uma dessas medidas. Esse delineamento geral que responsabiliza o Congresso pelas ações em que o Estado amplia o uso da força em circunstâncias excepcionais poderia ter sido o vetor geral para a definição do emprego militar. Da forma com que foi definido na Lei Complementar, o ajuizamento sobre a necessidade de emprego das Forças Armadas, cabendo essa decisão exclusivamente ao chefe de Estado, subtrai do Poder Legislativo a capacidade de avaliar a decisão e permite, potencialmente, que o presidente da República defina, por critérios nem sempre correspondentes ao interesse público, a ultrapassagem do ponto crítico para a atuação militar nas situações em que estariam "esgotados os instrumentos destinados à preservação da ordem pública e da incolumidade das pessoas e do patrimônio", conforme o parágrafo segundo do artigo oitavo da Lei Complementar 69.

A Lei Complementar poderia constituir uma primeira orientação para uma política militar, mas acabou por se reduzir a dois artigos na Lei Complementar (artigos 6º e 7º), que tratam do preparo das Forças Armadas e que, de tão vagos e gerais, permitiam variados ajustamentos por parte do aparelho militar, sem que fossem feridos seus princípios. O artigo 7º da lei referida, em três breves alíneas, considera que deve existir permanente eficiência operacional, procura de autonomia nacional crescente na área tecnológica-militar e correta utilização do potencial nacional.

---

31 "Aprovada lei sobre Forças Armadas", *O Estado de S. Paulo*, 17.4.91.

Por fim, é notável que a Lei Complementar 69 somente trate a respeito da decisão final sobre o emprego militar apenas no âmbito interno, sem ao menos mencionar os demais aspectos da destinação constitucional das Forças Armadas. Mesmo assim, ainda que possa ser considerada como incompleta ou mesmo inadequada em alguns aspectos, a regulamentação do artigo 142 da Constituição foi um passo importante para uma melhor adequação das relações civil-militares.

Ainda do ponto de vista normativo, a extinção do Serviço Nacional de Informações trazia à baila a revisão do passado. Os arquivos mantidos pelo sistema de informações eram fonte potencial de atrito entre segmentos civis e as Forças Armadas. A Lei 8.159, de 8 de janeiro de 1991, dispunha sobre a política nacional de arquivos públicos e privados. O conjunto da lei denota certa tensão entre disponibilizar os arquivos públicos e a preservação do sigilo de documentos considerados lesivos aos interesses da sociedade e do Estado, para os quais haveria uma categorização de sigilo (artigo 22 da referida lei). Todavia, "o Poder Judiciário poderá, em qualquer instância, determinar a exibição reservada de qualquer documento sigiloso, sempre que indispensável à defesa de direito próprio" (artigo 24), além do fato de os arquivos dos ministérios militares serem considerados do Executivo (art. 17, § 1º).[32] O ponto mais sensível da lei está previsto no artigo 7º, em seu parágrafo 2º, que pontifica que a cessação de atividades de instituições públicas implicaria recolhimento de sua documentação à instituição arquivística pública ou a sua transferência à instituição sucessora. A defasagem entre a extinção do SNI e a decretação da lei poderá ter permitido que parte dos arquivos do órgão não tenha sido transferida à Secretaria de Assuntos Estratégicos.

Contudo, a marca indelével desse período foi o processo de *impeachment*, que foi conduzido segundo as normas constitucionais sem a interferência militar. É conveniente dar a devida ênfase a esse fato,

---

32 O decreto 2.942, de 18 de janeiro de 1999, regulamenta alguns artigos da lei 8.159.

já que a mentalidade militar é fortemente marcada por um organicismo extremado e, como tudo que indique um estado de entropia social, é claramente vislumbrado pelos militares como um atentado à ordem e a intensa movimentação social do período seria costumeiramente tratada como um ato atentatório à "harmonia" social. Entretanto, ao contrário da tradição republicana, os militares se houveram como se espera em uma democracia: permaneceram mudos.

De maneira geral, durante o governo Collor pode-se considerar um perfil diferenciado nas relações civil-militares, dotado de um novo sentido, agora explícito de busca de exercício da autoridade presidencial. Entretanto, a condução desse exercício fez-se de forma pouco propícia à institucionalização da supremacia civil, já que não se converteu em política clara de governo e manteve a distância do processo o Poder Legislativo, até pelas características neopopulistas daquele governo. O fim antecipado do governo contribuiu, por sua parte, para que alguns avanços não pudessem ser efetivamente sedimentados, e o governo tampão de Itamar Franco atestaria essa debilidade institucional.

A "modernidade" das alterosas: o governo Itamar Franco

Itamar Franco assume a Presidência em uma situação de fragilidade. Seu governo trazia as marcas de um mandato tampão, com baixa possibilidade de ampliar alianças e imantar apoios. Por esse motivo, fez-se cercar por um ministério de amplo espectro político. Havia uma intenção em debelar a grave crise social apelando aos atributos morais de figuras políticas de distintos partidos. A concertação partidária de amplo leque seria a tentativa de superar o distanciamento de Collor do Congresso.

Fragilizado pela conjuntura, Itamar, a partir de seu populismo avesso ao espetáculo, em oposição ao estilo Collor, preferia os acordos de bastidores. No que toca às relações civil-militares, a ação presidencial não estava marcada pela intenção de maior afastamento dos militares, como ocorrera no governo anterior. Itamar não daria prioridade às reformas das estruturas militares ou esferas de governo tradicionalmente dotadas de forte presença militar. O que se perceberia ao longo de seu governo é que Itamar conduzia suas ações de governo, nesse âmbito, muito mais por atitudes reativas e mesmo intempestivas, um dos traços de sua personalidade cambiante e errática.

Diante de um quadro de crise econômica e social que se prolongou por boa parte de seu governo, o governo Itamar ainda foi levado a conduzir negociações cíclicas e recorrentes com as Forças Armadas em particular, e com os militares de maneira geral, além de dar início a um lento movimento de inflexão nas missões atribuídas às Forças Armadas. Faziam parte desse mosaico multifacetário das relações civil-militares a questão salarial e os recursos orçamentários para uso dos ministérios militares; surgiria com mais força a questão do acerto com o passado, especificamente a tentativa de solucionar o caso dos desaparecidos políticos; e um relativo recrudescimento do pensamento militar em relação ao processo democrático. Em seu governo, seria perdida uma possibilidade de reconfiguração das funções militares, a partir da revisão constitucional de 1993.

Pouco mais de um mês após sua posse, surgiriam os primeiros sinais de desgaste nas suas relações com as Forças Armadas, que, entretanto, em nenhum momento atingiram um grau de debilitamento profundo ou tenham sugerido um retorno ao sistema de tutela vigente no governo Sarney. O novo ministro do Exército, general Zenildo Zoroastro de Lucena, em nota divulgada após reunião do Alto Comando do Exército, afirmava que a crise econômica afetava profundamente o soldo militar.[33] A reação de Itamar foi de irritação, e em reunião posterior com os ministros militares solicitaria que não se pronunciassem publicamente sobre temas de governo.[34] Na mesma linha, alguns meses após, o comandante-geral do Ar, brigadeiro Ivan Frota, manifestaria, de forma contundente, o debilitamento das

---

33 "Itamar reage às críticas e convoca militares", *O Estado de S. Paulo*, 19.11.92, p.4.
34 "Itamar recomenda silêncio aos militares", *O Estado de S. Paulo*, 20.11.92. p.4.

Forças Armadas, o "último reduto nacionalista", antecipando que esse seria um cenário de enfraquecimento do país, pois "um povo que não prestigia as suas Forças Armadas não merece ser livre".³⁵ Mais uma vez, ficaria em evidência a disjunção do papel político de um ministro militar. Em vez de representar e implementar as diretrizes de governo sobre a Força correspondente, o ministro havia se posicionado como representante de sua Força no governo. A complexa relação de liderança e a manutenção do espírito de corpo são duas variáveis chaves para se compreender esse papel dos ministros militares. Os papéis adicionados à carreira militar, decorrentes da civilização e do profissionalismo, são desempenhados pelos oficiais de acordo com a história e a conjuntura. Morris Janowitz considerou que esses papéis são sucessivos e até contraditórios. Ao estilo *heróico*, que encarna o tradicionalismo e a glória, sucede o estilo *administrativo*, a partir de uma postura racional na condução da guerra, além do estilo *técnico*, em resposta aos avanços tecnológicos.³⁶

Podem-se acrescentar outros papéis a esses três, que se restringem ao profissionalismo militar *stricto sensu*. Além do papel *politizado* – de inserção mais direta na esfera política e própria dos civis na tradição liberal –, o papel *sindical* não pode ser menosprezado, principalmente nas relações entre os militares e os governos, reforçado pelo peso potencial das armas.

O debate sobre a isonomia salarial entre os funcionários dos três poderes perduraria ao longo do governo, sem que houvesse uma solução duradoura e suficiente para aplacar os ânimos militares. A permanência desse embate permitiria uma ampliação da autonomia militar, a ponto de os ministérios militares divulgarem notas sobre a situação econômica e a conjuntura política, embora com tons de tranqüilização ao país³⁷, ou mesmo de o ministro-chefe da Secretaria de Assuntos Estratégicos, almirante Mário César Flores, afirmar

---

35 Freitas, Jânio. "A voz militar", *Folha de S. Paulo*, 11.05.93.
36 Janowitz, Morris. *O soldado profissional: um estudo social e político*. Rio de Janeiro: GRD, 1967.
37 "Exército descarta risco de fujimorização", *Diário Popular*, 23.05.93, p.6.

que teria levado ao presidente as preocupações com o crescente descontentamento e as tensões dos quartéis em relação às carências de recursos das Forças Armadas. Se restrita a esse fato, a ação do ministro seria adequada e bem a propósito. Entretanto, o ministro referiu-se a uma "falta de interesse" do presidente pelos "assuntos referentes à comunidade militar".[38] A distorção é o fato de as Forças Armadas criarem uma situação em que exercitam um papel sobresselente no sistema político, auto-atribuindo a incumbência de designar os acertos ou os erros de uma ação governamental. Essa distorção não é decorrente apenas de uma visão militar consolidada, mas de um formato ainda recorrente no sistema político brasileiro.

Outro ponto de retrocesso para o controle civil sobre as Forças Armadas ficaria visível durante a campanha presidencial de 1994. Candidatos procuravam aproximar-se de setores das Forças Armadas. Na pauta, temas que ultrapassavam os aspectos orientados apenas aos temas militares e de defesa. O ex-ministro do Exército, general Leônidas Pires Gonçalves, brandia o chavão de que "ninguém governa na América Latina sem as Forças Armadas". Alguns políticos reforçavam a concepção de que aos militares impõe-se uma missão redentora no país.[39]

Se de um lado havia essa sinalização de prestígio – distorcido – da classe política em relação aos militares, uma lógica diversa passa a orientar as relações civil-militares. A partir da Constituição de 1988, o Congresso teve ampliadas suas funções quanto ao orçamento federal. Tendo em vista o caráter muitas vezes meramente paroquialista das emendas dos parlamentares à proposta orçamentária, os militares viram-se obrigados a manter um acompanhamento constante dessa fase, embora o orçamento militar continuasse a declinar lentamente. Para alguns analistas, essa é uma das variáveis explicativas para a consolidação da supremacia civil sobre as Forças Armadas.[40]

---

38 "Itamar ignorou alerta sobre militares", *O Estado de S. Paulo*, 30.05.93.
39 "Presidenciáveis buscam apoio de militares", *O Estado de S. Paulo*, 03.05.93, p.4.
40 Esse é um dos principais argumentos empregado por Wendy Hunter em *Eroding military influence in Brazil: politicians against soldiers*. North Carolina: The University of North Carolina Press, 1997.

A redução do orçamento militar, por si só, não é suficiente para considerar que há um declínio da autonomia militar, pois não se tratava de uma política deliberada para a efetivação do controle militar, mas simplesmente de uma atuação superficial do Congresso quanto aos temas de defesa. Porém, mesmo a redução da fatia orçamentária pela interposição das emendas dos parlamentares não seria suficiente para reduzir drasticamente o orçamento militar. Significa, sim, que do Executivo partia a iniciativa de realocar recursos e reduzir as verbas militares. É inegável que esse fato altera, a favor dos civis, um equilíbrio de forças bastante instável, à medida que a classe política confronta interesses militares claramente explicitados, embora o faça de maneira equivocada quanto aos fins desejados.

A contrapartida presidencial ao arrocho salarial e às restrições orçamentárias para os ministérios militares restringiu-se a alocar, em alguns postos-chave, militares da reserva, como ocorreu com a presidência da Telebrás e da Cosipa.[41]

Outro aspecto que geraria desconforto e mesmo sinais de resistência dos militares eram as propostas de indenização às vítimas da repressão do regime autoritário. Em comunicado oficial, o chefe de comunicação social do Ministério do Exército afirmaria que "o Exército não aceita a inclusão da expressão 'vítimas da violência política' no projeto, questionando se os violentos eram os guerrilheiros ou os militares, que agiam em defesa da Constituição".[42] Em um primeiro momento o governo encaminhou um projeto de lei estabelecendo pensões para as famílias dos desaparecidos, já que a possibilidade de pagamento de indenizações havia sido descartada pelos ministros militares.[43] Havia ainda outra cláusula de segurança para os militares: não seria necessário o atestado de óbito para que a família reivindicasse a pensão, pois, se fosse concedido, haveria a necessidade de

---

41 "Afago com cargo", *IstoÉ*, 24.3.93, p.22-23.
42 "Militares levarão a Itamar preocupação com as fronteiras", *Jornal do Brasil*, 16.5.93.
43 "Militares intervêm em projeto", *Folha de S.Paulo*, 27.4.93.

determinar a causa das morte, o que não atendia aos interesses das Forças Armadas.[44]

Por fim, a *posição* do presidente Itamar foi a de acatar a decisão dos militares e não pagar pensão às famílias dos presos políticos, tal como pretendia a Comissão dos Desaparecidos da Câmara.[45] Anteriormente, o Ministério da Marinha havia apresentado um relatório sobre os mortos e desaparecidos do regime militar sem omitir dados que pudessem desgostar as Forças Armadas. Já o Exército e a Aeronáutica continuariam negando informações e insistindo na versão oficial de que não havia informações a serem prestadas.[46]

Essa resistência em rever o passado, ou melhor, essa percepção seletiva do passado foi revigorada entre os militares durante o governo Itamar Franco. A reação à crise de legitimação percebida pelos militares ao fim da década de 1980 e início dos anos 90 deu-se, em parte, pela revalorização dos feitos do passado, tanto os mais distantes, como ocorreu no Exército, que modificam a data de comemoração do dia do Exército de agosto para abril (Batalha de Guararapes, identificada como o mito fundador da nação e do Exército ao mesmo tempo), como também as ações mais recentes. Assim é que as ordens do dia relativas a março de 1964 passaram a adotar um tom mais contundente, pela exaltação de um movimento que teria posto fim à desordem e ao caos, substituindo-os pela tranquilidade e harmonia, indispensáveis ao crescimento econômico e ao desenvolvimento do país.[47]

Pronunciamentos de militares, na maioria da reserva, e de alguns grupos mais organizados, como o grupo Guararapes, enalteciam o período do governo autoritário, que permitiria uma convivência mais pacífica e que proporcionava mais orgulho ao povo.[48] Esses pronun-

---

44 "Governo indeniza famílias mas oculta destino dos desaparecidos", *O Globo*, 28.4.93.
45 "Desaparecidos sem pensão", *Veja*, 30.6.93, p.35.
46 "Marinha admite mortes na ditadura", *Correio Brasiliense*, 20.3.93.
47 "Mais um sinal de alerta", *O Estado de S. Paulo*, 2.04.93, p.3.
48 "Cerqueira faz alerta", *Jornal do Brasil*, 5.4.93; Dimenstein, Gilberto. "É apenas uma idéia maluca?", *Folha de S.Paulo*, 29.4.93, p.2.

ciamentos eram algumas vezes acompanhados da repetição exaustiva de que os militares teriam melhores condições que os grupos civis para representar os interesses da nação.[49] De fato, ainda nesse período, estava presente no pensamento político-militar a percepção de que, em mais de uma circunstância, cabia às Forças Armadas intervir para estabelecer a ordem e prevenir o caos. Essa concepção só tem êxito se for acompanhada por uma percepção social consentânea, ou seja, é preciso que haja repercussão positiva em segmentos da população para que as ações militares sejam apoiadas e aprovadas.[50]

Sobre as missões atribuídas às Forças Armadas durante o governo de Itamar Franco houve duas tendências. A primeira foi o reforço do Projeto Calha Norte e do Sistema de Vigilância da Amazônia (Sivam), que ganharia impulso em seu governo. Essa foi uma concessão de Itamar aos militares, já tão desprestigiados em outras áreas. O projeto sofreria grande baque a partir das denúncias de corrupção que envolviam a assinatura de contrato com a empresa norte-americana Raython. De todo modo, o Projeto Calha Norte e o Sivam eram evidências de fraca liderança de Itamar sobre os projetos com forte marca militar.

A segunda tendência era o início de emprego das Forças Armadas em questões internas, mas por iniciativas presidenciais. O primeiro caso foi a intervenção do Exército na greve da Polícia Militar de Rondônia, com breve duração, já que os policiais militares prontamente voltaram às atividades.[51]

Posteriormente, Itamar determinaria que o Exército ocupasse os edifícios da Polícia Federal em Brasília e em São Paulo para tentar

---

49 Nunn, Frederick. Can some things change and remain the same? Post-Cold War Officer Corps Thought and Self-Perception in Argentina, Brazil, Chile, and Peru. Paper apresentado no XXII Congresso da Latin American Studies Association, Miami, 16-18 de março de 2000.

50 Trabalhei com esta temática na dissertação de mestrado. "Militares e pensamento político: análise de monografias da Escola de Comando e Estado-Maior do Exército (1985-1993). Departamento de Ciência Política da Universidade de São Paulo, 1994. Digit.

51 "Exército dá proteção a governador de Rondônia", *Folha de S.Paulo*, 18.2.93, p.11; "Policiais retornam aos quartéis", *O Estado de S. Paulo*, 19.2.93.

conter a greve dos agentes federais.⁵² Esse processo de emprego militar como guarda nacional ampliou as missões atribuídas às Forças Armadas e não foi suficientemente regulamentado, ainda que a Constituição Federal abarque esse procedimento. Tal emprego vinha a reboque da ausência de outros órgãos que pudessem ser acionados em caso de greve de policiais. Entretanto, em uma área bastante sensível teria início a utilização dos militares: o combate ao narcotráfico em áreas urbanas, encobrindo a tentativa de reduzir a violência social, seria a nova tarefa determinada às Forças Armadas e, mais especificamente, ao Exército. Por uma questão de clareza expositiva, mantendo uma unidade de análise, esse tema será tratado no Capítulo 4.

As atribuições do Poder Legislativo em "questões militares"

Do ponto de vista normativo, a revisão constitucional prevista para 1993 teria sido uma excelente oportunidade de realizar modificações na função das Forças Armadas. Algumas propostas foram aventadas por parlamentares, mas a ampla vitória do presidencialismo no plebiscito realizado em 1993 parece ter suspendido o debate sobre outros temas políticos.⁵³ A subordinação da pauta política ao plebiscito reorientou as atenções da sociedade e dos partidos, e mais uma vez os temas de defesa e das relações civil-militares ficaram esquecidos.

Tendo em vista o conceito de sistema político adotado, importa analisar tanto os sujeitos e instituições políticas presentes nas relações entre civis e militares, como a dimensão jurídico-normativa, à medida que revela um conjunto de valores que a embasam e que orientam a constitucionalidade do país.

---

52 "Itamar determina intervenção na PF", *Folha de S.Paulo*, 12.5.94, p.1-6.
53 Costa, Tarcísio. Os anos noventa: o ocaso do político e a sacralização do mercado. In: Mota, Carlos Guilherme. (Org.) *Viagem incompleta: a experiência brasileira (1500-2000). A grande transação*. São Paulo: Senac, 2000.

No âmbito estritamente normativo, a "separação dos poderes", desde a clássica formulação de Montesquieu, permite conceber um Estado adstrito à defesa das liberdades, pelo estabelecimento de um sistema de freios e contrapesos. Assim estabelecido, há a possibilidade de conter os poderes e fazê-los andar "de concerto". O princípio geral dos freios e contrapesos é exatamente a limitação do poder, de modo que um poder esteja impedido de se sobrepor a outro.

Basicamente, três cláusulas-parâmetros se estabelecem nas constituições presidencialistas e que informam a aplicação do princípio da separação dos poderes.[54]

A primeira dessas cláusulas refere-se à *independência* e *harmonia* entre os poderes, de modo que haja um mínimo e um máximo de independência de cada órgão, como também um mínimo e um máximo de instrumentos que permitam a harmonia entre os poderes. Originalmente, o princípio é o de separar para limitar.

A segunda cláusula afirma que a separação só existirá de fato à medida que as funções próprias de cada órgão de poder sejam *indelegáveis*. As evidências apontam que esse princípio vem sendo ultrapassado pela prática política e que a indelegabilidade constitui, cada vez mais, meramente um parâmetro formal na separação entre os poderes.

Por fim, a terceira cláusula indica a necessidade de que não haja *sobreposição* de funções, tendo em vista a possibilidade de uma "confusão de poderes". Também aqui a perspectiva normativa não se ajusta à realidade empírica e se estabelece, principalmente em regimes presidencialistas, uma acumulabilidade de funções, notadamente entre o Executivo e o Legislativo.

No caso brasileiro, a Constituição de 1988 apresenta novos instrumentos que permitem a separação entre os poderes, mas também novas modalidades de controle de um poder sobre o outro aí se inscrevem na Carta, o que para alguns autores do Direito Constitucio-

---

54 Ferraz, Anna Cândida da Cunha. *Conflito entre poderes: o poder congressual de sustar atos normativos do Poder Executivo*. São Paulo: Revista dos Tribunais, 1994.

nal pode significar a ultrapassagem de uma ação fiscalizadora para uma ingerência de uma esfera de poder sobre outra.[55] Anna Ferraz aponta, a título de exemplo, a capacidade de nomear cargos típicos do Executivo, cuja função está atribuída ao Legislativo.

Entretanto, o senso comum sugere que as atividades do Legislativo são adjudicadas pelo Executivo e, para os fins da argumentação que se segue, importa verificar os órgãos estabelecidos pela Constituição e que tenham implicações com as questões de defesa.

É o caso do Conselho da República: o artigo 89 da Constituição Federal define quem participa desse órgão consultivo do presidente da República, cuja conformação é predominantemente parlamentar. A maioria de seus membros, dez de um total de 14, tem origem no Legislativo ou é por ele indicada.

Se a questão se resumisse ao aspecto quantitativo, notar-se-ia um predomínio do Legislativo com assento no Conselho da República, o qual tem por finalidade, de acordo com o artigo 90, *pronunciar-se* sobre "intervenção federal, estado de defesa e estado de sítio" e acerca de "questões relevantes para a estabilidade das instituições democráticas".

Outro órgão de consulta do presidente da República é o Conselho de Defesa Nacional. Dois aspectos se fazem notar nesse caso. Quanto à sua composição, de acordo com o artigo 91, os representantes do Poder Legislativo se reduzem ao presidente da Câmara de Deputados e o presidente do Senado Federal, de um total de dez membros, dentre os quais os três comandantes das Forças (únicos representantes do Executivo sem o cargo de ministro).

Quanto à sua esfera de competência, o parágrafo 1º do mesmo artigo elenca que cabe a esse órgão *opinar* "nas hipóteses de declaração de guerra e de celebração da paz, nos termos desta Constituição; sobre a decretação do estado de defesa, do estado de sítio e da intervenção federal; *propor* os critérios e condições de utilização de áreas indispensáveis à segurança do território nacional e *opinar* sobre seu efetivo uso, especialmente na faixa de fronteira e nas relacionadas

---

55 Idem, p.22-23.

com a preservação e a exploração dos recursos naturais de qualquer tipo; *estudar, propor* e *acompanhar* o desenvolvimento de iniciativas necessárias a garantir a independência nacional e a defesa do Estado democrático" (grifos meus).

Pode-se observar que o princípio da não-cumulatividade não é respeitado pela letra da Constituição, já que as atribuições, em casos como a intervenção federal, o estado de sítio e o estado de defesa, são as mesmas, embora a distinção semântica de que o Conselho da República se *pronuncie* e o Conselho de Defesa Nacional *opine* sobre a matéria. As duas esferas de decisão se sobrepõem e, potencialmente, podem ocorrer conflitos entre os poderes, se porventura as decisões do Conselho da República – de predominância legislativa – entrarem em choque com aquelas decididas pelo Conselho de Defesa Nacional. Deve ser considerado que ambos os conselhos são órgãos de consulta e suas decisões não possuem efeito vinculante para a ação do presidente da República.

Se for considerado que, por uma questão de ordenamento jurídico, o Conselho da República precede o Conselho de Defesa Nacional, o Poder Legislativo teria uma incumbência aumentada quanto a fatores que afetam a Defesa Nacional. Em tese, em caso de decisão sobre o estado de defesa, cuja competência para aprovação é do Congresso Nacional e se a posição do Executivo for minoritária no Conselho da República, poderá advir uma derrota do presidente da República. Dessa forma, no campo do direito constitucional há situações potencialmente conflitivas nas questões que envolvem a defesa.

Some-se a isso o fato de que o Poder Legislativo, nas questões que envolvem a intervenção federal, o estado de sítio e o estado de defesa, poderá atuar, por seus representantes, de modo dúplice: "*A priori*, como órgão de consulta; e *a posteriori*, como órgão de controle do Executivo".[56]

O mesmo pode se suceder no caso das decisões advindas do Conselho de Defesa Nacional. Em casos de proposição de critérios de

---

56 Idem, p.38.

utilização de áreas indispensáveis à segurança do território nacional, o Poder Legislativo será órgão de consulta quando seus representantes estiverem com assento nesse Conselho e atuará, *a posteriori*, como casa legislativa, quando da elaboração da lei que regerá tais casos.

Outras competências do Congresso Nacional, no que se refere a temas mais específicos de defesa, são estabelecidas pela Constituição em seu artigo 49, conferindo-lhe a atribuição de autorizar o presidente da República a declarar a guerra, celebrar a paz, permitir que forças estrangeiras transitem pelo território federal ou nele permaneçam temporariamente, aprovar o estado de defesa e a intervenção federal e autorizar o estado de sítio.

As questões de Defesa Nacional ultrapassam a esfera das competências das Forças Armadas, mas não há como delas desvincular aspectos especificamente militares. Da análise da dimensão jurídica do Poder Legislativo depreende-se que há o propósito de garantir a esse poder uma parcela significativa de competências em questões de Defesa Nacional, mas poucas ou reduzidas atribuições para temas de cunho militar mais restrito. O texto legal não contempla responsabilidades do Congresso ou qualquer outra das casas legislativas acerca de questões específicas das instituições militares.

Por comparação, cabe ao presidente da República, além do comando supremo das Forças Armadas, promover seus oficiais-generais e nomeá-los para seus cargos privativos. Mas, quanto ao Poder Legislativo, essa participação nos processos de decisão não está contemplada na Lei Maior, embora, como já foi frisado, esse poder tenha atribuições na definição de quadros administrativos de esfera do Poder Executivo, como aponta o artigo 52, III, f, ao dispor que o Senado Federal deverá aprovar previamente, por voto secreto, após argüição pública, a escolha de "titulares de outros cargos, além de magistrados, em casos estabelecidos na Constituição, presidentes e diretores do Banco Central, procurador-geral da república e governadores de territórios".

A Constituição de 1988 atribui, dessa forma, uma condição distinta ao Poder Legislativo. Embora possibilite uma inserção significativa desse poder nos temas clássicos de Defesa Nacional, a Carta não dispõe sobre responsabilidades quanto a questões como promoção de oficiais, nomeação para cargos de relevância no sistema militar de defesa, educação e doutrina militar e inteligência militar.

Características das atividades do Poder Legislativo em relação à Defesa e outras questões militares

As relações entre a sociedade e o Estado no Brasil estiveram marcadas, nos tempos da República, pelo patrimonialismo e pelo clientelismo. Os mecanismos de representação política, inerentes à democracia liberal, estiveram ou ausentes ou se apresentavam como disfuncionais ou mesmo inadequados à lógica de fortalecimento do Estado em detrimento da sociedade. Essa era a opção inaugurada em 1930. Se possíveis mudanças eram perceptíveis no fim dos anos 50 e início dos 60, em 1964 interrompeu-se o processo. O último regime autoritário deixou, entre outras heranças, um aprofundamento da fragilidade das instituições políticas.

Mais especificamente em relação ao Poder Legislativo, as suas características de fragilidade devem-se a um processo histórico mais longo. A estruturação do federalismo brasileiro fez com que as unidades da federação se debilitassem em relação à União. A subordinação jurídico-política dos estados tornaram-nos subordinados ao arbítrio do poder central. A tentativa de reduzir os impactos dessa subordinação recaiu sobre os mecanismos de representação do Congresso Nacional.[57]

Dessa forma, ocorreu uma *estadualização* da Câmara dos Deputados.[58] A atuação de muitos deputados ou bancadas estaduais tem sido marcada por uma postura "distributiva-extrativista", como for-

---

57 Santos, Wanderley Guilherme dos. *Crise e castigo. Partidos e generais na política brasileira*. Rio de Janeiro: Vértice, 1987.
58 Lima Jr, Olavo Brasil. *Instituições políticas democráticas: o segredo da legitimidade*. Rio de Janeiro: Jorge Zahar, 1997.

ma de redução das desigualdades regionais. A lógica de funcionamento da Câmara orienta-se mais para questões paroquiais do que para temas de cunho "nacional", como o são as de Defesa Nacional.

O término do regime autoritário acentuou esse problema, à medida que o Executivo foi fortalecido ao longo de seus prolongados 21 anos de duração. Com a transição para a democracia havia a necessidade de se apresentar soluções para a realocação de dois atores centrais da vida política nacional. De um lado, apresentava-se o desafio de redimensionar o *papel* político das Forças Armadas, a fim de conformá-lo aos ditames de um regime democrático. De outro, os mecanismos de representação deveriam ser valorizados, já que se abandonava um regime no qual o Executivo havia se hipertrofiado ainda mais, reduzindo a esfera de atuação do Congresso Nacional.

Entretanto, ao se iniciar a transição, não houve o pleno restabelecimento das prerrogativas do Congresso, o que se somou à endêmica fragilidade do sistema partidário brasileiro. Ainda assim, as eleições e os partidos constituíram o próprio eixo da transição.[59]

Os mecanismos inseridos ao longo do regime autoritário, como o decreto-lei e o decurso de prazo, garantiam a dependência dos partidos e mantinham a hegemonia do Executivo sobre o Legislativo. Essa relação não é recente. Ainda nos idos da República Velha, Annibal Freire constatava que a natureza da organização do Executivo o colocava acima dos demais poderes. Perseguia-se o objetivo de tornar o Poder Executivo "forte sem o fazer absorvente, um propulsor de energia sem degenerar em instrumento de opressão".[60]

A história política do país pendeu ao contrário. As marcas do clientelismo e do Estado patrimonial reduziram a efetividade do poder congressual. As justificativas para a tomada de decisões oportunas e eficazes por parte do Executivo, distintas da morosidade que caracterizam os debates no interior de uma instituição caracterizada

---

59 Diniz, Eli, Boschi, Renato, Lessa, Renato. *Modernização e consolidação democrática no Brasil: dilemas da Nova República*. Rio de Janeiro: Vértice, 1989.
60 Fonseca, Annibal Freire da. *O Poder Executivo na República Brasileira*. Brasília: Editora da Universidade de Brasília, 1981.

pelas distinções ideológicas – como é o Congresso –, fizeram com que essa Casa de representação estivesse, historicamente, alijada das grandes decisões.[61]

No período considerado neste trabalho, a situação não se alterou significativamente. Um estudo empírico verificou que 62% dos projetos de leis aprovados durante o início dos anos 90 tiveram origem no Executivo, além da prerrogativa desse poder em propor, unilateralmente, a necessidade de urgência para a tramitação de projetos de seu interesse.[62]

Contribuem para essa fragilidade institucional do Poder Legislativo a disputa por cargos na esfera governamental, o cálculo eleitoral de curto prazo e a busca de ganhos imediatos por meio de vínculos clientelistas com o Executivo, não permitindo a formação de uma instância aglutinadora. O corporativismo setorizado, pelo qual se estabelecem mecanismos de aproximação com o Poder Legislativo, dificulta a integração de interesses parciais em plataformas mais abrangentes.

Todavia, a percepção da inoperância do Legislativo deve ser analisada no contexto dos sistemas políticos. Estudos que têm por base a teoria da escolha racional propõem que a "abdicação" do Legislativo em favor do Executivo, como no caso das Medidas Provisórias, indicaria que a delegação de poderes não impediria o Legislativo de atingir seus objetivos ou que essa rearticulação de competências pode beneficiar ambos os poderes.[63] A delegação pode ser favorável ao Legislativo, à medida que decisões "impopulares" e que desgastem os representantes diante de seus eleitores são tomadas pelo Poder Executivo. Por outro lado, esse comportamento congressual o debilita enquanto instituição, e seu papel pode ficar restrito a não cons-

---

61 Avelino Filho, G. Clientelismo e política no Brasil: revisitando velhos problemas. *Novos Estudos Cebrap*. n. 38, p.225-240, mar. 1994.
62 Figueiredo, Argelina Cheibub, Limongi, Fernando. *Executivo e Legislativo na nova ordem constitucional*. Rio de Janeiro: Editora da Fundação Getúlio Vargas, 1999.
63 Figueiredo, Argelina Cheibub, Limongi, Fernando. O Congresso e as Medidas Provisórias: abdicação ou delegação? *Novos Estudos Cebrap*, n. 47, mar. 1997.

tituir obstáculos à ação do Executivo. Sem dúvida, do ponto de vista normativo, a separação de poderes sofre uma grave distorção, indicando que o processo de sobrevalorização do Executivo se manteve ao longo dos anos 90.

Se no caso de políticas de cunho econômico e social a realidade da atuação legislativa é a descrita, no que se refere às questões de Defesa Nacional o quadro não é distinto. Durante o período autoritário o estabelecimento de políticas voltadas à Segurança Nacional era monopólio das Forças Armadas. Na década de 1990, tanto a Câmara quanto o Senado ainda não haviam criado as condições propícias para a apresentação de políticas consistentes para a Defesa. Os motivos são variados e dizem respeito à ausência de um debate articulado, de escassos estudos legislativos relativos ao tema, pelo reduzido *status* de pertencer às Comissões de Defesa, mas evidencia que também a sociedade como um todo descura da questão.

No entanto, após a promulgação da Constituição de 1988, o Poder Legislativo teve acrescido seu papel de indutor e formulador de políticas. No caso do processo orçamentário essa ampliação é mais evidente, ainda que o Executivo tenha utilizado, mesmo na década de 1990, mecanismos que reduziam a possibilidade de inversões orçamentárias pelo Legislativo, como é exemplo a remessa das Diretrizes Orçamentárias com prazo exíguo para a sua apreciação.

Entretanto, a tão decantada reduzida atuação do Congresso não se confirma, ao menos pelo aspecto quantitativo, já que a produção congressual é significativa. As duas Casas votaram, no período de 1982-1992, uma média anual de quatro mil projetos.[64] É evidente que um acentuado número de projetos não significa uma postura consistente e amadurecida de questões com forte impacto público. Pode simplesmente caracterizar impulsos legiferantes, tão a gosto de algumas câmaras de vereadores. Mas também uma análise ligeira, sem a

---

64 Paiva, M.V. Assessoramento do Poder Legislativo, experiência pessoal e profissional, avaliação da situação brasileira. In: Abreu, Alzira Alves, Dias, José Lucino. *O futuro do Congresso Brasileiro*. Rio de Janeiro: Fundação Getúlio Vargas, 1995.

preocupação de verificar a dimensão do papel do Poder Legislativo, esvai-se em uma crítica inconsistente.

Quanto ao funcionamento da processualística de debate de projetos, as duas Casas operam via comissões. Diferentemente do Congresso mais estudado pelas ciências sociais (o dos Estados Unidos), as comissões da Câmara e do Senado brasileiros não possuem poder de veto a determinadas matérias, embora projetos de lei possam ser barrados pela Comissão de Constituição e Justiça quando apresentarem incompatibilidades jurídicas e técnicas.

Na Câmara de Deputados, a Comissão de Relações Exteriores e de Defesa Nacional tem como atribuições: "a) relações diplomáticas e consulares, econômicas e comerciais, culturais e científicas com outros países; relações com entidades internacionais multilaterais e regionais; b) política externa brasileira; serviço exterior brasileiro; c) tratados, atos, acordos e convênios internacionais e demais instrumentos de política externa; d) direito internacional público, ordem jurídica internacional; nacionalidade; cidadania e naturalização; regime jurídico dos estrangeiros; emigração e imigração; e) autorização para o presidente ou vice-presidente da República se ausentar do território nacional; f) política de defesa nacional; estudos estratégicos e atividades de informação e contra-informação; segurança pública e seus órgãos institucionais; g) Forças Armadas e auxiliares; administração pública militar; serviço militar e prestação civil alternativa; passagem de forças estrangeiras e sua permanência no território nacional; envio de tropas para o exterior; h) assuntos atinentes à faixa de fronteiras e áreas consideradas indispensáveis à Defesa Nacional; i) direito militar e legislação de Defesa Nacional; direito marítimo, aeronáutico e espacial; j) litígios internacionais; declaração de guerra; condições de armistício ou de paz; requisições civis e militares em caso de iminente perigo e em tempo de guerra; l) assuntos atinentes à prevenção, fiscalização e combate ao uso de drogas e ao tráfico ilícito de entorpecentes; m) outros assuntos pertinentes ao seu campo temático".

A partir desse quadro, uma classificação dos projetos de lei que foram apreciados por esta comissão, no período de 1989 a 1997, indica que, de um total de 203 projetos de lei, 38 correspondiam às alíneas *f*, *g*, *h*, *i* e *j*, aquelas mais atinentes aos propósitos deste trabalho, por tratarem de aspectos próprios das Forças Armadas. Observe-se que a alínea *f* é bastante abrangente, situando em um mesmo campo as questões de Defesa Nacional e as de segurança pública. As questões de segurança pública são visivelmente mais sensíveis à opinião pública, devido aos altíssimos índices de criminalidade. Os aspectos que dizem diretamente respeito à defesa externa não são prioritários para a sociedade e tampouco para a Câmara de Deputados. Esse fato se reflete no reduzido número de projetos de lei que versavam diretamente às alíneas *f*, *g*, *h*, *i* e *j*, subtraindo-se aqueles atinentes à segurança pública. Um total de 14 projetos (7% do total) foi apreciado em nove anos. Desses, sete tiveram origem na Câmara, seis no Executivo e um no Senado.

Sumariamente, os sete projetos originados na Câmara de Deputados versavam sobre: 1) proposta de fiscalização na Secretaria de Assuntos Estratégicos (SAE), sobre as questões que envolviam a aquisição de equipamentos para o projeto Sivam (Sistema de Vigilância da Amazônia); 2) proposta para que a própria Comissão de Defesa fiscalizasse aquele projeto; 3) alteração da Lei do Serviço Militar, concedendo dispensa de incorporação aos filhos de produtores rurais em regime de economia familiar; 4) definição das atividades de inteligência e contra-inteligência; 5) alteração de dispositivos do Código Penal Militar e Código de Processo Penal Militar; 6) acréscimo de inciso no Estatuto dos Militares; 7) proposta para a proibição de participação de membros das Forças Armadas, das polícias Federal, Civil e Militar, e das guardas municipais em empresas privadas de segurança.

Esses dados não são conclusivos, pois é difícil mostrar sua verdadeira origem. Muitos deputados podem apresentar projetos de lei por pedido do Executivo ou mesmo diretamente das Forças Armadas. Quanto aos temas especificamente de defesa e sobre as relações civil-militares, nota-se uma carência reveladora e esses temas estiveram praticamente ausentes da agenda daquela comissão.

Baaklini[65] considera a existência de três modelos de comissões no Congresso brasileiro. Aquelas comissões de visibilidade ou *importância nacional*, devido à natureza das matérias sob sua responsabilidade. São as comissões de Constituição e Justiça, Relações Exteriores, Orçamento e Economia. Um segundo grupo diz respeito às comissões voltadas para o *Executivo e a segurança nacional*, representadas pelas comissões de Segurança, Defesa e Ciência e Tecnologia. O terceiro grupo é constituído pelas comissões *distributivas*. São as comissões de Saúde, Trabalho, Legislação Social, Serviços Públicos, Educação e Cultura, Assuntos Rurais e Agrícolas e Comunicações.

Considerando que o pressuposto racional de todo o político é a busca da reeleição,[66] a participação em comissões do primeiro ou terceiro grupos permite a visibilidade almejada para que consigam esse intento. Por outro lado, a participação de parlamentares no segundo grupo é escassa, dado o reduzido retorno eleitoral.

No caso norte-americano, as questões de Defesa Nacional possuem outra dimensão. Envolvem um papel estratégico da maior potência militar e, portanto, estendem-se do Pentágono ao setor tecnológico e industrial privado. Nesse sentido, a participação na comissão de Defesa atende às condições de visibilidade na busca da reeleição.

Já no Brasil, a lógica do debate sobre questões de Defesa Nacional parece indicar que há uma sedimentação da idéia de que o Executivo possui prerrogativas exclusivas em temas de Defesa Nacional, ainda como reflexo do período de exceção. Ainda mais, a participação na comissão de Defesa exige um conhecimento especializado que não está ao alcance da maioria dos parlamentares, o que é parcialmente suprido pelas consultorias parlamentares das duas Casas. A conseqüência é que as assessorias parlamentares dos ministérios militares assumiram a função de fornecedoras de informações técnicas aos parlamentares.

---

65 Baaklini, A. *O Congresso e o sistema político brasileiro*. Rio de Janeiro: Paz e Terra, 1993.
66 É o argumento dos seguidores da escolha racional. Ver, p. ex., Arrow, K. *Social choice and individual values*. New Haven: Yale University Press, 1963.

Quando da votação orçamentária, as assessorias parlamentares dos ministérios militares agem como fiscalizadoras para que os montantes destinados pelo Executivo para as instituições militares não se transformem em emendas particularistas por parte dos congressistas e não no sentido de buscar modificações ou tampouco ampliação da fatia de orçamento destinada às Forças Armadas. No caso do orçamento, a manutenção das quantias contempladas pelo Ministério do Planejamento significa a continuidade de uma macroestratégia do Executivo para todos os ministérios (ainda existentes no período 1989-1997), e não há indicações de que os ministérios militares intentem alterar os percentuais de suas pastas à revelia do Executivo.

Entretanto, a dupla atuação das assessorias parlamentares – alimentadoras de informação e fiscalizadoras – não parece ser, necessariamente, em outros campos de interesse, orientada pelo Executivo. A atuação dos ministérios militares no Congresso é desenvolta e procura atingir objetivos próprios de cada uma das Forças ou de seu conjunto. Mas até que ponto essa atuação seria distinta da de outros ministérios civis? Na outra ponta, como atua o Poder Legislativo sobre as questões de Defesa?

Deering propõe uma tipologia da política de defesa para o caso norte-americano, que se apresentaria em três tipos: *estrutural* – envolve rotinas de autorizações para novos créditos, base de operações e outras variedades de atividades *não controversas*; *estratégica* – compreende decisões *controversas* sobre sistemas de armas importantes, tamanho, capacidade e missão de vários serviços, reorientação na política de defesa; e *crise* – quando o presidente da República detém quase a exclusividade da autoridade.[67]

Para o caso brasileiro a tipologia deve ser revista e adaptada, já que, por exemplo, políticas de defesa em *crise* não estão compreendidas no cenário geopolítico do país. Há situações em que se podem classificar as políticas de defesa como *estratégicas*, como foi o caso do Sivam. Esse sistema de vigilância implicava, além de gastos de razoá-

---

67 Deering, C. (Ed.) *Congressional politcs*. Pacific Grove: Cole Publishing Company, 1989.

vel monta, uma reorientação do foco de defesa territorial, da fronteira sul para a região amazônica. Transformou-se em questão controversa, devido às implicações de possíveis favorecimentos de empresas fornecedoras de equipamentos na concorrência internacional. Naquela ocasião, o Congresso Nacional deu mostras de sensibilidade e oportunidade políticas. Autoridades dos ministérios militares e do Executivo foram instadas a prestar esclarecimentos, por exigência do Legislativo. É notório que esses temas trazem visibilidade, devido ao impacto na opinião pública.

Quanto a políticas do tipo *estrutural*, mais afeitas ao cotidiano das questões de Defesa, o envolvimento do Poder Legislativo é diminuto ou mesmo ausente. Por exemplo, a disposição geográfica de novos aquartelamentos ou bases aéreas ou navais não passa pelo crivo das duas Casas, tampouco as alterações sobre o sistema de ensino militar. *Exatamente em aspectos menos controversos a atuação legislativa é débil*. Nesse sentido, mesmo uma prática de conformidade aos interesses militares não é estabelecida, já que determinados aspectos organizacionais das Forças Armadas escapam das atribuições do Poder Legislativo.

Uma possível explicação seria o descompasso entre os meios à disposição das duas Casas e as novas responsabilidades advindas da Constituição de 1988, ou seja, o assessoramento técnico aos congressistas não seria suficiente para as questões relativas à Defesa.

Em suma, as características do sistema político brasileiro reservam um papel secundário para o Poder Legislativo nas questões de Defesa e questões militares. Dessa maneira, o poder civil tem amputado uma de suas possibilidades de exercer mais efetivamente a supremacia sobre o poder militar.

A amplitude da autonomia militar nos governos Collor e Itamar

No quadro a seguir são apresentadas as dez categorias de análise indicadas para a verificação da autonomia militar, analisadas a partir do período indicado neste capítulo.

Quadro 3 – Nível de autonomia militar nos governos de Fernando Collor de Mello e Itamar Franco

Categorias de análise	Decisão política	Peso	Pertinência	Peso	Resultado ponderado	Nível de autonomia militar
1. Expectativas do sistema político sobre a função, o papel e as missões das Forças Armadas	Média	2	Baixa	3	6	Média
2. Participação dos civis na organização da Defesa Nacional	Baixa	3	Baixa	3	9	Alta
3. Dimensão das Forças, custo econômico e controle sobre recursos	Média	2	Baixa	3	6	Média alta
4. Capacidade de fiscalização do Congresso sobre as atividades militares	Baixa	3	Baixa	3	9	Alta
5. Decisões sobre a política de pessoal militar	Média	3	Baixa	3	9	alta
6. Foros especiais para militares	Baixa	3	Baixa	3	9	Alta
7. Produção de informações de inteligência	Média	2	Média	2	4	Alta
8. Atividades das Forças Armadas em ações de defesa interna	Média	2	Baixa	3	6	Média alta
9. Educação e doutrina militar	Baixa	3	Baixa	3	9	Alta
10. Revisão sobre ações do regime autoritário	Baixa	3	Baixa	3	9	Alta

Quanto às *expectativas do sistema político sobre a função, o papel e as missões das Forças Armadas*, o grau de autonomia militar é considerado *médio alto*, já que não houve uma pressão adicional dos militares sobre suas atribuições. Todavia, a revisão constitucional de 1993 não conduziu ao debate sobre questões militares. Por outro lado, principalmente no governo Collor, houve um maior direcionamento das atividades consideradas exclusivamente militares. Itamar iniciaria um processo de emprego militar em novas áreas, modificando, pontualmente, algumas missões militares.

A *participação dos civis na organização da Defesa Nacional* não se modificou, se comparada à situação ao final do governo Sarney. Não foi estabelecida uma política de direção para as Forças Armadas, mas apenas iniciativas desconectadas, insuficientes para restringir a autonomia das Forças Armadas nessa área. Por esse motivo, é considerada como *alta*.

Dimensão das Forças, custo econômico e controle sobre recursos sofreram uma alteração mais significativa, embora não se possa afirmar um controle mais efetivo dos recursos utilizados para a defesa. Tendo em vista o aumento da participação do Congresso na feitura do Orçamento Geral da União, as relações entre Forças Armadas e Poder Legislativo se dariam por uma nova gramática, que determinava uma maior aproximação entre as duas instituições. Isto permite considerar *médio alto* o grau de autonomia.

Ainda como no período anterior, *a capacidade de fiscalização do Congresso sobre as atividades militares* não foi modificada na sua essência. O grau de autonomia militar, nesse sentido, é considerado *alto*.

As *decisões sobre a política de pessoal militar* ficaram restritas às próprias Forças, sem que se tenham notado maiores esforços do Executivo, e menos ainda do Legislativo sobre esse tema. O Legislativo permaneceria distante dessas questões, sem que, formalmente, pudesse ter uma atuação mais significativa. A autonomia é *alta* nesse quesito.

Os *foros especiais* de justiça foram mantidos e mesmo um debate sobre essa questão ficou restrito a poucos. Portanto, neste aspecto permanece um *alto* grau de autonomia no período.

A extinção do Serviço Nacional de Informações foi um avanço para que o controle sobre essa área governamental fosse ampliado em benefício dos civis. Mas a permanência dos serviços de cada Força trouxe uma dificuldade adicional para que o controle do órgão se efetivasse por parte do poder civil. Ainda assim, pode-se considerar que houve um decréscimo da autonomia militar, permitindo considerá-la como *média*.

Um processo lento, mas perceptível, começou a redirecionar o emprego das Forças Armadas em *atividades de Defesa Interna*. De um lado o emprego como guarda nacional, um instrumento utilizado pelo governo central para atuações contra grevistas armados pelo próprio Estado. O outro formato será o emprego dos meios militares no combate ao narcotráfico, mas percebido socialmente como ações voltadas à Segurança Pública, o que de fato aconteceu na Operação Rio. As dificuldades nesse campo, além da inadequação de considerar questões sociais como passíveis de serem resolvidas prioritariamente pela Força, referem-se à notável autonomia com que as Forças Armadas definem objetivos, meios e ações a serem desenvolvidos. Embora a iniciativa para o emprego seja civil, o desenrolar das atividades demonstra baixa ingerência civil na condução das ações, indicando *média alta* a autonomia militar nessa categoria de análise.

No campo da *educação e doutrina militar* não aconteceram modificações substantivas. Durante os governos Collor e Itamar esse tema foi simplesmente ignorado e nenhuma iniciativa concreta foi tomada para diminuir a tradicional autonomia militar, donde se conclui que ela permaneceu *alta*.

Da mesma forma ocorreu com o tema da *revisão das ações do regime autoritário*. Nenhum dos governos promoveu iniciativa alguma para procurar um acerto com o passado. É mais um caso de *alto* grau de autonomia.

Em suma, nota-se uma descontinuidade entre os dois governos. Collor demonstrou vontade de exercer autoridade sobre as Forças Armadas, ainda que, em boa parte, de forma não-institucional. A restrição à presença militar no ministério e a extinção do SNI são avanços importantes. No caso do governo Itamar, houve recuos, tanto pela dificuldade do presidente em lidar com os pronunciamentos por vezes duros de setores das Forças Armadas e contrários a algumas de suas iniciativas políticas como pela demonstração de pouca vontade em exercer sua autoridade, permitindo um retrocesso quanto à autonomia militar em certas áreas. Esse retrocesso não chegou a ponto de permitir a tutela das Forças Armadas; com o término da transição, porém, no cômputo geral, os militares mantiveram posições consolidadas de autonomia. Ainda que se leve em conta que os militares foram perdendo assento em postos importantes do Estado e que o sistema de informações teve sua estrutura enfraquecida a partir do governo Collor, indicando um sucessivo declínio da influência e uma conseqüente normalização das relações civil-militares, considera-se que aquelas mudanças não são suficientes para que se permita afirmar a existência de uma simetria naquelas relações.

4
Pós-transição:
mecanismos de controle e o novo profissionalismo militar

Findo o mandato-tampão do presidente Itamar Franco, o país entraria no governo do presidente Fernando Henrique Cardoso sob a euforia do plano de estabilização econômica. Essa seria uma modificação importante, já que, em um primeiro momento, a percepção arraigada de crise social se reduzia, dando lugar a um clima de normalização das relações sociais inédito no país após o início da transição do regime autoritário.

Mais especificamente sobre as relações civil-militares, a pauta empreendida por esse governo foi ampla do ponto de vista da forma, mas implantada com um ritmo bastante cauteloso. Este capítulo trata essencialmente de algumas dessas questões, como definição da Política de Defesa Nacional, criação do Ministério da Defesa, situação funcional dos militares e reajustes salariais, criação da Agência Brasileira de Inteligência, indenização às famílias de desaparecidos políticos, orçamento para a defesa, intercâmbio militar com países do Mercosul e emprego das Forças Armadas em situações internas. Analisam-se também as novas conformações do profissionalismo militar.

Os desaparecidos políticos

A anistia de 1979, definida na conformidade do regime autoritário, visava resolver as pendências, na órbita jurídica, das graves violações que agentes do Estado haviam cometido em nome da preservação da ordem ou, para alguns mais empedernidos defensores do regime ditatorial, de uma luta justificada em um contexto de guerra, ou simplesmente, no campo da criminalidade comum, inerente ao processo de autonomização das forças de repressão durante os 21 anos do regime de exceção e caracterizada pelo arbítrio e prepotência. A Lei da Anistia buscava preservar membros da corporação e por extensão a própria instituição militar de ações que procurassem pagar dívidas para com o passado. Constituía um "muro protetor à autonomia militar".[1] A anistia, embora tenha resultado de uma complexa negociação entre os militares e oposições civis moderadas, estava fortemente marcada pelos limites impostos pela própria característica da transição pelo "alto". No sentido jurídico estrito, significava a renúncia do Estado em punir o terror de Estado, entretanto não permitia barrar a memória do passado, pois não apagava os crimes cometidos. O fato é que a tortura e a morte de presos, políticos ou não, sob a responsabilidade do Estado, constituem crime hediondo, à medida que subtraem uma das essências da própria existência estatal.

Após um ano de governo, Fernando Henrique Cardoso sancionou a Lei 9.140, de 4 de dezembro de 1995, instituindo uma comissão especial atrelada ao Ministério da Justiça, à qual caberia definir, além das pessoas elencadas no Anexo I da lei, aquelas consideradas desaparecidas por participação ou acusadas de participação em atividades políticas no período de 2 de setembro de 1961 a 15 de agosto de 1979, exatamente o período previsto na Lei 6.683 (Lei de Anistia). Os sete membros da comissão seriam de escolha e designação do presidente da República. O representante das Forças Armadas, curiosamente, seria um oficial general da reserva, fato simbólico, porque

---

1 Oliveira, Eliézer Rizzo de. *De Geisel a Collor: Forças Armadas, transição e democracia.* Campinas: Papirus, 1994.

deixaria, formalmente, um maior campo de autonomia para suas ações, sem o vincular rigidamente à hierarquia militar, ou de outra parte, suas posições não seriam entendidas como vinculadas necessariamente às Forças Armadas. Essa pretensa neutralidade descortinar-se-ia mais à frente.

A hierarquia militar, até então reticente em aceitar esse tipo de revisão, acatou a decisão política do governo. Resistências aconteceram, sem dúvida, porém mais localizadas entre militares da reserva e suas entidades representativas. Ainda que o sentimento geral dos militares fosse de repúdio ao ato governamental, as manifestações públicas de militares da ativa foram pontuais, fato significativo nas relações entre civis e militares no país. Dois pontos merecem destaque: de um lado estava implícito o reconhecimento de que foram cometidos atos ilegais ao longo do regime sob o controle militar, por outro, os arquivos militares foram mantidos fechados, evitando que a comissão especial pudesse encaminhar esforços para a localização dos corpos de pessoas desaparecidas, tal como definia a alínea II do artigo 4 da referida lei, o que poderia levar a pressões sobre a definição da responsabilidade direta por aqueles atos.

As resistências ficariam mais evidentes com a decisão da comissão especial em indenizar as famílias de Carlos Marighela e Carlos Lamarca. O Clube Militar reagiu de forma contundente, guardando luto, em protesto à indenização de "guerrilheiros e subversivos em geral".[2] O representante das Forças Armadas, general Oswaldo Gomes Pereira, também se manifestaria publicamente como contrário à indenização. A reação do Ministério do Exército, relativa à indenização da família de Lamarca decidida pela Comissão, foi sintomática. O Informativo do Exército número 42, de 11 de setembro de 1996,[3] assume duas posições aparentemente antagônicas, mas que procuravam posicionar a cúpula ministerial diante do público interno da Força e do próprio governo. O documento deixa clara a postura da instituição, considerando que a morte do ex-capitão se dera em "situação

---

2 "Decisão põe Clube Militar em 'luto permanente'", *O Estado de S. Paulo*, 11.9.1996.
3 "Boletim reafirma princípio da disciplina", *O Estado de S. Paulo*, 11.9.1996.

de guerra interna, em uma operação de combate", que sua figura "sempre representará traição, terrorismo, deserção e quebra do juramento sagrado de um oficial" e que o representante militar na comissão mostrava claramente a posição da instituição, mas que, pelo *princípio da disciplina*, a Força respeitava o decidido pela comissão especial. Na mesma linha, o chefe do Estado-Maior das Forças Armadas, general Benedito Leonel, afirmaria que a decisão sobre Lamarca tivera um impacto acentuado no Exército, uma "decisão que machucou".[4]

Pode-se considerar que o caso dos desaparecidos constituiu uma situação de potencial conflito com as Forças Armadas e que ficou a meio caminho de uma solução mais adequada, já que manteve afastados de qualquer responsabilidade penal os agentes envolvidos na repressão. A decisão política sobre o caso deixava ao governo três alternativas. A primeira seria manter tudo como estava, tal com havia acontecido nos governos anteriores. Definindo-se pela revisão, duas outras opções pendulares se apresentavam: ou procurava, com base em um espírito de conciliação, um acerto com o passado, ou partia para uma posição contrária aos atos considerados ilegais, evitando que perdurasse a impunibilidade. O governo optou por uma solução que confrontasse em parte os militares e não buscou imputar responsabilidades. De todo modo, sob o ponto de vista estritamente político, a atitude governamental constituiu um avanço em direção ao controle civil e à limitação da autonomia, ainda que se considere as medidas insuficientes.

Política de defesa nacional, Ministério da Defesa e Agência Brasileira de Informações

A busca pelo equacionamento das questões de defesa está inserida na Política de Defesa Nacional, estabelecida em 1996[5]. A elaboração da Política de Defesa Nacional não deixou de corresponder a uma

---
4 "Machucou, sim", *Veja*, 27.5.1998.
5 Alterada pelo decreto-lei 6.484, de 30 de junho de 2005.

característica ainda presente no sistema político brasileiro: a criação de consensos artificiais. Procurou-se a manutenção de visões não antagônicas, mas não necessariamente coincidentes, entre diplomatas e militares. Em decorrência, a Política de Defesa Nacional não estipula com clareza as atribuições de cada componente da Defesa, permitindo, inclusive, que as Forças Armadas, uma vez mais, passam, elas mesmas, estabelecer suas prioridades.

A Política de Defesa Nacional foi estabelecida em consonância com os termos constitucionais, os quais impedem um posicionamento beligerante do estado brasileiro, adotando-se uma postura estratégica dissuasória. Mas, consoante ao hipertrofismo do Executivo, o Poder Legislativo esteve pouco comprometido com sua elaboração.

As diretrizes da Política de Defesa Nacional referem-se prioritariamente às ameaças externas, mas apontam para a participação das Forças Armadas em ações subsidiárias fomentadoras da integração nacional. As diretrizes, apropriadamente, não estabelecem um nexo entre a Defesa e a segurança interna. Ao longo da Guerra Fria, a concepção de defesa interna – sistematizada na Doutrina de Segurança Nacional – dizia respeito ao emprego da força militar para o controle de situações extremas e contrárias à preservação do Estado, intrinsecamente associada ao papel de intervenção saneadora, ou "poder moderador", com forte conotação de emprego para controle social.

As diretrizes constituíam um dos primeiros passos para a criação do Ministério da Defesa, pois estabeleciam à norma de aprimorar a capacidade de comando, o controle e a inteligência de todos os órgãos envolvidos na Defesa Nacional.

Ainda que criticadas por serem vagas, genéricas e não incisivas – não levando à concretude de ações, além de necessárias, urgentes –, as diretrizes correspondem a um primeiro movimento nesse sentido. Por outro lado, não foram acompanhadas de uma Política Militar, necessária para estabelecer os rumos do preparo militar.

Outro ponto relativo à direção política sobre a força militar diz respeito à efetivação de uma estrutura e de instituições que façam valer essa orientação. É o caso do Ministério da Defesa. Em grande parte, os governos pós-1985 não enfrentaram essa questão, pois o projeto *foi vetado* pelas Forças Armadas e a agenda e a oportunidade de sua efetivação restringiram-se à esfera das próprias Forças. Somente a partir do governo eleito em 1994 estabeleceu-se a meta de estruturação de um Ministério da Defesa, mas, ressalte-se, com um vício de origem, já que foi o próprio Estado-Maior das Forças Armadas o órgão encarregado de delinear o novo ministério. Não se trata de verificar a competência ou não do aparelho militar em estabelecer propostas e parâmetros sobre o tema, mas da presença mitigada do poder civil em atribuir as diretrizes e a configuração da estrutura cabível ao novo ministério.

A criação do Ministério da Defesa pode ser justificada por uma série de razões, tanto de ordem política quanto administrativas, diplomáticas, estratégicas e operacionais.

Ainda que o presidente Fernando Henrique Cardoso tenha negado a intenção, a existência de um ministério que congregue os instrumentos de defesa do país amplia o controle civil sobre as Forças Armadas, quer pela perda do assento ministerial dos ministros de cada Força, quer pela modificação na relação entre o governo e as Forças, já que ocorre uma troca de direção dos representantes ministeriais, anteriormente uma representação das Forças no governo para uma orientação política do governo sobre os militares.

Administrativamente, seria uma possibilidade de inserir maior racionalidade administrativa, evitando a duplicidade de meios e o encaminhamento mais adequado das demandas orçamentárias, por meio da integração de planejamentos e coordenação de esforços.

No aspecto diplomático, o país se ressentia de uma representação unívoca da defesa nas negociações regionais e internacionais. A inexistência de um órgão unificado criava dificuldades adicionais nas relações intra-estatais.

Uma das mais profundas vulnerabilidades defensivas do país reside na não articulação entre as três Forças sob um comando e planejamento único. As três Forças, com um orçamento nada desprezível, ainda não estavam preparadas para um trabalho integrado. Os meios bélicos de variadas ordens à disposição não se apresentavam compatíveis e as tropas não eram adestradas para manobras que envolvessem meios terrestres, aéreos e marítimos concomitantes. Mesmo uma política dissuasória exige uma preparação conjunta dos instrumentos de defesa, deficiência que deveria ser superada. A efetivação do ministério representa mecanismo adequado, se bem que não suficiente, para que se constituam novas práticas de integração entre as Forças. A criação do ministério esbarrava em um conjunto de dificuldades de significativa monta. Um primeiro aspecto seria exatamente a perda do estatuto ministerial dos ministros das Forças, o que, fatalmente, seria interpretado pelos militares não somente como redução de prestígio, mas, como conseqüência, um patamar inferior na apresentação das demandas de cada corporação. E, com ainda mais peso, uma restrição da influência política e da autonomia. A Marinha e a Aeronáutica relutavam, entre outros motivos, pelo temor de que o Exército passasse a uma posição de hegemonia no novo ministério ou por considerarem desnecessária a criação dele.[6] Somem-se as dificuldades de congregar instituições com culturas organizacionais bastante singulares e por comportamentos até mesmo antagônicos. Como para as instituições militares, com mais significância do que para outras, certos valores são básicos à formação da identidade, uma integração mais aprofundada criava temores de fragilização dessas identidades ou de conflitos gerados pela busca de sua preservação.

Uma dificuldade adicional retardou a efetiva criação do ministério: a definição de quem seria o ministro. O perfil desejado pelo Exército era de que fosse um militar da reserva; já a Marinha e a Aeronáutica manifestavam que um civil seria mais adequado. Possivelmente isso se explique pelo temor de que não pudessem indicar um ministro, ficando ao encargo do Exército a escolha.[7] A recusa do vice-presidente em assumir o cargo foi mais um ingrediente para o retardo.[8]

---

6 "Almirante vê com restrição Ministério da Defesa", *O Estado de S. Paulo*, 3.1.1999. Em entrevista, o almirante Mauro César Pereira, então ministro da Marinha, considerava as dificuldades de efetiva integração da estrutura do ministério e os riscos de inchaço administrativo.
7 "Rumo do Ministério da Defesa divide militares", *O Estado de S. Paulo*, 28.8.1997.
8 "Recusa de Maciel dificulta escolha para a pasta de defesa", *O Estado de S. Paulo*, 10.12.1998.

A definição de um civil para a pasta de Defesa foi importante pelo caráter simbólico, à medida que sinalizou uma intenção de direção política sobre temas de defesa. Por outro lado, foi uma solução satisfatória, já que evitou ressentimentos entre as Forças. Entre os países sul-americanos, a maioria fez a opção por manter a Defesa sob o controle de um ministro civil.[9]

Sinalizada a criação do ministério já no primeiro mandato do governo Fernando Henrique, a implantação somente se daria em junho de 1999, após um período de cinco meses em caráter extraordinário, concomitante à existência dos demais ministérios militares. A criação do ministério deu-se por Medida Provisória[10] e, mais uma vez, a participação do Congresso Nacional foi mínima. Posteriormente, uma emenda constitucional foi necessária, devido à necessidade de mudança na composição do Conselho de Defesa.[11] À comunidade acadêmica foram apresentadas as propostas em estudo,[12] mas sem que houvesse uma participação efetiva.

O Ministério da Defesa é um avanço para a consolidação de uma direção política sobre as Forças Armadas. Entretanto, para que substantivamente se dê a orientação civil, a estrutura organizacional do ministério não deve ser monopólio do aparelho militar. A legislação que definia aquela estrutura, no ato de sua criação,[13] ampliava a participação de civis. É o caso dos secretários da Secretaria Político-Estratégica e de Assuntos Internacionais, Secretaria de Logística e Mobilização e Secretaria de Organização Institucional, além das chefias de seus departamentos, que podem ser ocupadas indistintamente por

---

9 "A defesa nas mãos de civis", *Jornal do Brasil*, 3.1.1999.
10 Medida Provisória 1.911-7, de 29 de junho de 1999, que alterava a Lei 9.649, de 27 de maio de 1998, que dispõe sobre a organização da Presidência da República. A MP foi atualizada: MP 1.911-10, de 24 de setembro de 1999.
11 Emenda Constitucional nº 23, de 2 de setembro de 1999. A emenda prevê que os comandantes das Forças façam parte do Conselho de Defesa.
12 Exposição do general Benedito Onofre Bezerra Leonel, ministro-chefe do Estado-Maior das Forças Armadas, no IV Encontro Nacional de Estudos Estratégicos, Unicamp, 14/5/98.
13 Decreto nº 3.080, de 11 de junho de 1999, da Presidência da República. Versa sobre a Estrutura Regimental e Quadro Demonstrativo dos cargos em Comissão do Grupo-Direção e Assessoramento Superiores do Ministério da Defesa.

civis ou militares. A esses órgãos compete a formulação das políticas da área militar e da defesa, ou seja, de planejamentos e ações que definem e orientam ações de Estratégia, Inteligência, Ciência e Tecnologia, Serviço Militar, Ensino Militar, procedimentos administrativos e orçamentários, Assuntos Internacionais e outros que estabelecem os grandes rumos da defesa no país. As condições estavam dadas e seria por inércia ou desqualificação de recursos humanos civis para atender a essas áreas que se poderia chegar a uma situação de militarização do ministério. Por certo, não basta um representante da vontade presidencial exercendo o cargo de ministro para configurar a direção política, mas a presença decisiva de civis no cerne da formulação e implantação dos rumos da defesa e das questões militares.

Quanto às diretrizes de natureza tática e de encaminhamento do treinamento militar e outras resoluções de natureza técnica, cabe aos próprios militares a sua formulação – uma autonomia institucional – também necessária para o amadurecimento das relações civil-militares.[14]

De todo modo, a criação do Ministério da Defesa abre um vasto campo de possibilidades para um novo patamar das relações entre civis e militares, de modo a garantir uma adequada subordinação militar. Mas a existência do Ministério não constitui condição suficiente. Seria preciso, sobretudo, que o poder político estivesse munido de vontade, determinação e capacidade para avançar nessa direção, de forma duradoura e independente do revezamento das forças políticas na direção do Estado brasileiro.

Por sua vez, a Agência Brasileira de Inteligência é outra área que, embora não militar, está estreitamente ligada, no caso brasileiro, à atuação das Forças Armadas. Extinto o SNI, a Secretaria de Assuntos Estratégicos ampliou seu leque de atuação, priorizando o estabelecimento de cenários prospectivos para o país. O governo Fernando Henrique resolveu criar um órgão que permitisse o acompanhamento de áreas consideradas sensíveis e municiasse o governo com in-

---

14 Este tema foi tratado em Oliveira, Eliézer Rizzo, Soares, Samuel Alves. "Forças Armadas, Direção Política e formato institucional". In: D'Araújo, Maria Celina, Castro, Celso. *Democracia e Forças Armadas no Cone Sul*. Rio de Janeiro: Editora da Fundação Getúlio Vargas, 2000.

formações suficientes, permitindo que instituições governamentais fossem dotadas da capacidade de não serem surpreendidas. O terreno da produção de informações é uma questão extremamente sensível do ponto de vista de uma sociedade democrática. Há uma tendência revigorada de que os órgãos encarregados ganhem uma autonomia excessiva, distanciando ou mesmo impossibilitando que haja um controle efetivo sobre suas ações.

Ocorre que desde o governo Collor as Forças Armadas mantinham seus aparelhos de informações, mais um fator debilitador do controle civil. O formato definido pelo governo para sua própria agência seguiu uma tramitação não usual. Ao contrário do Ministério da Defesa, houve a oportunidade para que o Congresso e o meio acadêmico avaliassem a proposta. Em que pese essa mudança, uma certa vinculação com a área militar foi mantida, já que a criação da Abin esteve sob os auspícios do então Gabinete Militar da Presidência da República, o que, por si só, amplia a possibilidade de militarização de suas atividades.

A criação da Abin poderia ter incorporado algumas das propostas do deputado José Genoíno que, a exemplo da Argentina, sugeria uma clara distinção entre produção de informações da área externa e da interna. Na versão final, a lei que instituiu o órgão mantém sob seu abrigo as duas esferas de competência.

Enfim, o projeto incorporou propostas diversas, oriundas de extratos ideológicos distintos. O notável é que a Abin funcionou durante muito tempo sem existência legal, tendo sido normatizada e legalizada somente em 1999. Entretanto, sua atuação é mais longínqua, desde o primeiro governo de Fernando Henrique Cardoso.

O orçamento para a Defesa

A fim de permitir uma visão de conjunto, a questão do orçamento para a Defesa será analisada nesse item. Não se pretende uma abordagem exaustiva, mas sim suficiente para uma visão abrangente de uma área fundamental, tanto para a defesa do Estado como para um melhor entendimento das relações entre civis e militares.

Usualmente, os gastos com defesa são apresentados a partir de critérios que levam em conta a proporção de gastos em relação ao Produto Interno Bruto, ou em relação à população ou ainda na comparação com a área territorial. Esses índices permitem uma comparação entre diversos países. Neste trabalho optou-se por outra alternativa, vinculando os gastos com a defesa à fatia do Orçamento correspondente. A opção justifica-se para que se tenha uma percepção comparativa em relação à realidade dos demais gastos estatais ao longo de distintos governos. A Tabela 2 aponta os gastos com a defesa a partir do ano de 1983 e estende-se ao ano de 1999.

Os dados apresentados na tabela referem-se à porcentagem de gastos em relação ao orçamento geral. Dois outros órgãos foram contemplados: o Ministério da Educação e Cultura (depois apenas Educação) e o Ministério da Saúde, isso porque são duas áreas extremamente sensíveis para o país. Também é apresentada uma coluna com o somatório dos gastos dos três ministérios militares, permitindo uma visão integrada com os gastos de defesa. As verbas do Serviço Nacional de Informações, depois Secretaria de Assuntos Estratégicos e na seqüência Agência Brasileira de Inteligência, não são analisadas, como também do Estado-Maior das Forças Armadas e do Gabinete Militar, já que essas verbas estão sob a rubrica da Presidência da República e nem sempre aparecem discriminadas nos documentos oficiais.

É oportuno observar que entre a proposta, a lei e a execução orçamentária decorrem diferenças significativas, ainda mais que o orçamento aprovado pelo Congresso é meramente autorizativo, permitindo que os governos não o realizem completamente. Em todo caso, o orçamento é peça-chave para entender as prioridades estabelecidas pelos diversos governos.

Para o ano de 1983 cada porcentagem foi "zerada", utilizando-se o índice cem. Para cada ano seguinte, apresenta-se uma comparação de acréscimo dessa fatia – em relação ao ano anterior –, quando o número é maior que 100, e um decréscimo, quando ocorre o contrário. Os dados apresentados são bastante sugestivos no sentido de indicar as diretrizes orçamentárias de cada governo em relação aos gastos com a defesa.

Tabela 2 – Gastos com defesa

Ministérios/Ano	1983		1984		1985		1986		1987		1988		1989		1990	
Educação e Cultura	6,90	100,00	6,90	100,00	8,44	122,32	6,08	72,04	6,91	113,65	5,03	72,79	7,85	156,06	2,06	26,24
Saúde	1,32	100,00	1,44	109,09	2,14	148,61	1,88	87,85	2,45	130,32	1,74	71,02	3,56	204,60	0,90	25,28
Aeronáutica	4,14	100,00	5,09	122,95	4,43	87,03	3,16	71,33	4,03	127,53	2,55	63,28	1,62	63,53	0,85	52,47
Exército	4,08	100,00	4,10	100,49	3,43	83,66	1,80	52,48	2,52	140,00	1,60	63,49	2,27	141,88	0,90	39,65
Marinha	3,12	100,00	3,25	104,17	3,69	113,54	1,99	53,93	2,60	130,65	1,75	67,31	1,85	105,71	0,78	42,16
Ministérios militares	11,34	100,00	12,44	109,70	11,55	92,85	6,84	59,22	9,15	133,77	5,90	64,48	5,74	97,29	2,53	44,08

Ministérios/Ano	1991		1992		1993		1994		1995		1996		1997		1998		1999	
Educação e Cultura	3,83	185,92	2,60	67,89	1,95	75,00	2,11	108,21	3,31	156,87	3,23	97,58	2,47	76,47	2,15	87,04	1,98	2,09
Saúde	2,88	320,00	4,10	142,36	2,15	52,44	3,43	159,53	5,53	161,22	4,97	89,87	4,75	95,57	3,51	73,89	3,55	101,14
Aeronáutica	1,50	176,47	1,31	87,33	0,96	73,28	0,58	60,42	1,23	212,07	1,25	101,63	0,94	75,20	0,76	80,85	0,72	94,74
Exército	1,36	151,11	0,97	71,32	0,81	83,51	1,06	130,86	2,12	200,00	2,29	108,02	1,82	79,48	1,60	87,91	1,56	97,50
Marinha	1,23	157,69	1,08	87,80	0,78	72,22	1,03	132,05	1,28	124,27	1,30	101,56	1,04	80,00	0,94	90,38	0,81	86,17
Ministérios militares	4,09	161,66	3,36	82,15	2,55	75,89	2,67	104,71	4,63	173,41	4,84	104,54	3,80	78,51	3,30	86,84	3,51	106,36

Fonte: *Anuário Estatístico do IBGE*, volumes 47-54 (anos 1983-1994). Para os anos 1995-1999, obtido via internet (www.ibge.gov.br)

Observações:
- Os números abaixo da coluna ano indicam o percentual do orçamento para cada um dos órgãos
- Para os anos de 1983, 1984, 1985, 1995, 1996, 1997 e 1998 os percentuais de gastos correspondem ao *realizado*; para os demais anos, a despesa *fixada*.
- As colunas à direita do ano indicam o percentual de diferença entre aquele ano e o anterior.

Diferentemente do que poderia sugerir a tutela militar vigente, o governo José Sarney restringiu acentuadamente os gastos militares, o que se observa a partir do ano de 1985 (lembrando que o orçamento é definido no ano anterior). Nota-se que durante o último governo militar os gastos dos três ministérios militares superavam a fatia de 10%, ultrapassando a soma de Educação e Saúde. Esse porcentual vai se reduzindo ao longo do primeiro governo civil, chegando a 2,53% em 1990.

Esses dados sugerem, até esse momento, que os argumentos utilizados por Wendy Hunter[15] estariam corretos. Hunter afirma que a partir da Constituição de 1988, que ampliou as funções do Poder Legislativo sobre o orçamento, muitos representantes políticos, com base em uma lógica de curto prazo, apresentaram emendas de cunho paroquial ao orçamento, em detrimento, dentre outras, da área militar. A simples verificação da tabela demonstra que essa linha argumentativa não se sustenta.

Em 1991, primeiro ano em que se podia verificar o reflexo das decisões de Collor de Mello sobre o orçamento, houve um acréscimo em todas as áreas apresentadas na Tabela 2. Os gastos com a defesa foram acrescidos em aproximadamente 62% em relação ao ano anterior. Já durante o governo Itamar Franco a fatia de gastos com a defesa ficaria novamente abaixo dos 3% do orçamento geral.

Novamente, ao iniciar-se um novo governo, percebe-se um acréscimo significativo nos gastos militares. No caso do ano de 1995 já se faziam sentir os reflexos da percepção de Fernando Henrique sobre o tema, já que ele havia sido o ministro da Fazenda no governo anterior. Nesse caso, os gastos com essa rubrica tiveram um acréscimo de 73%, levando-os a um patamar próximo a 5% do orçamento total. Ao longo de seu governo o porcentual vai novamente decrescendo, chegando a 3,5% em 1999.

Outro dado interessante é que o Exército, a partir de 1994, consolida a posição de ministério militar com maior porcentual de gastos em relação à Marinha e à Aeronáutica, permitindo inferir que os

---

15 Hunter, Wendy. *Eroding military influence in Brazil*: politicians against soldiers. North Carolina: The University of North Carolina Press, 1997.

gastos com o combate ao narcotráfico podem representar parte desse acréscimo (essa temática será analisada adiante). É de se notar que os gastos militares não são nada desprezíveis. Em números absolutos, ao fim da década de 1990, têm ficado entre 16 e 17 bilhões de reais anuais. Com certeza as Forças Armadas não consideram que seja um montante suficiente, e que haveria a necessidade de modernização de equipamentos e armamento. Comparativamente a outras áreas essenciais para uma sociedade extremamente desigual como a brasileira, com carências sociais profundas, dificilmente o país poderia dispor de recursos muito superiores aos que vem praticando para contemplar as necessidades militares e de defesa. Todavia, gastos muito aquém de um mínimo podem comprometer o esquema dissuasório brasileiro, além de permitir a existência de pontos de tensão entre civis e militares, o que evidencia a urgência de uma Política de Defesa e uma Política Militar claramente estabelecidas e planejadas num prazo dilatado. Indica, também, a necessidade de que o Ministério da Defesa acelere o processo de racionalização dos meios militares de modo a evitar duplicidades de gastos.

Ainda mais, a maior parte dos gastos com a defesa refere-se a pagamento de pessoal e gastos administrativos, pouco restando para as atividades-fins. Embora não seja um quadro exclusivo das Forças Armadas, é mais um indicativo da premência de uma profunda reorganização delas.

Pagamento de pessoal repõe a questão salarial das Forças Armadas. Do mesmo modo como ocorreu nos demais governos, a pressão sobre salários dos militares esteve em pauta durante o primeiro mandato de Fernando Henrique Cardoso. Em seu primeiro ano de governo inaugurou uma nova prática, ao encaminhar mensagem às Forças Armadas explicando o porquê de ter concedido um reajuste salarial menor do que o desejável, tendo em vista a situação econômica do país.[16] Entretanto, a medida não foi suficiente e a pressão por reajustes salariais manteve-se até o fim do primeiro mandato.[17]

---

16 "FH faz carta para explicar novo salário", *O Estado de S. Paulo*, 2.9.1995.
17 "Forças Armadas também reclamam de salários", *O Estado de S. Paulo*, 29.6.1997.

Inserido na lógica de corte de gastos públicos, o governo considerou oportuno viabilizar reajustes salariais apenas para algumas categorias de funcionários públicos. Tendo em vista que a Constituição definia que medidas salariais deveriam ser comuns para todo o funcionalismo, uma fórmula jurídica estabeleceu uma nova categorização para os militares, agora considerados servidores do Estado, emenda aprovada na Comissão de Constituição e Justiça do Senado.[18] A Emenda Constitucional nº 18, de 5.2.1998, define que será de competência privativa do Presidente da República propor leis sobre militares que definam "seu regime jurídico, provimento de cargos, promoções, estabilidade, *remuneração*, reforma e transferência para a reserva" (grifos meus). No campo da remuneração dos militares o presidente Fernando Henrique demonstra uma flexibilidade diferenciada em relação a outros segmentos de funcionários.

Por outro lado, no que toca ao reequipamento das Forças Armadas, a política de equilíbrio fiscal atingiu também os gastos com a defesa, como em 1998, quando houve cortes orçamentários, atingindo 27,3% de redução no caso do Exército.[19]

Quanto ao emprego das Forças Armadas, a década de 1990 consolidou o envio de missões de paz para áreas de conflito em diversos continentes. A participação nessas missões revelou-se como uma experiência positiva e necessária, possibilitando um melhor adestramento das tropas e uma ampliação das ações diplomáticas do país.

As tentativas de criação de mecanismos regionais de defesa têm encontrado maior resistência por parte dos militares brasileiros, embora tenham sido ampliadas as experiências de manobras conjuntas com países do Mercosul. Se o esforço regional tem sido descartado, outra tem sido a postura adotada no âmbito da segurança interna, ponto a ser analisado nos próximos tópicos.

---

18 "Comissão aprova emenda que diferencia militares", *O Estado de S. Paulo*, 11.12.1997.
19 "Ministérios militares suspenderão projetos", *O Estado de S. Paulo*, 20.2.1998.

As expectativas do emprego das Forças Armadas

Como analisado no capítulo 2, no plano constitucional o Congresso Constituinte, atuante em 1987 e 1988, optou pela manutenção, no artigo 142 da atual Constituição Federal, do que vem sendo a tradição normativa na maior parte das constituições republicanas, permanecendo a responsabilidade da Forças Armadas, além da defesa da Pátria e da garantia dos poderes constitucionais, pela manutenção da lei e da ordem. Dessa forma foram atendidos os interesses militares defendidos através de um bem concatenado *lobby* e mesmo por pressões explícitas sobre o Congresso Constituinte. Em contrapartida, como se pode comprovar pelo debate estabelecido na Comissão de Defesa durante os trabalhos constituintes, o Legislativo não apresentou um amadurecimento suficiente para as definições relativas à defesa do Estado e da função a ser desempenhada pelos militares.[20]

Já na dimensão infraconstitucional são estabelecidas as missões das Forças Armadas. Nesse sentido, a Lei Complementar 97/99, que substituiu a 69/91, dispõe sobre o emprego das Forças Armadas e considera que a atuação do aparelho militar na garantia da lei e da ordem, por iniciativa de quaisquer dos poderes constitucionais, ocorrerá de acordo com as diretrizes baixadas em ato do presidente da República, depois de esgotados os instrumentos destinados à preservação da ordem pública e da incolumidade das pessoas e do patrimônio, relacionada no artigo 144 da Constituição Federal (que trata da Segurança Pública e arrola as polícias em seus diferentes tipos).

Oriunda do Poder Executivo, também a Política de Defesa Nacional define *missões* às Forças Armadas, ao designar os cenários de defesa e indicar, embora de maneira abrangente, as diretrizes para a defesa. Nesse caso, não são contempladas questões de Segurança Pública, o que não caberia.

Outro aspecto a ser ressaltado refere-se ao *papel* das Forças Armadas. Papel, no sentido mais estritamente sociológico, compreen-

---

20 Oliveira, Eliézer Rizzo de. *De Geisel a Collor*: Forças Armadas, transição e democracia. Campinas: Papirus, 1994; Flores, Mário César. *Bases para uma política militar*. Campinas: Ed. Unicamp, 1992.

de a institucionalização de procedimentos que permitem a restrição das incertezas nas relações entre diversos agentes. O papel é sedimentado historicamente e alimenta expectativas entre segmentos e atores. No caso brasileiro, o papel das Forças Armadas, principalmente no período republicano, as coloca como atores centrais em relação ao Estado e mesmo à sociedade.

Por uma série de fatores estratégicos e de inserção internacional, as Forças Armadas consolidaram um papel voltado para dentro das fronteiras, o que se acirrou marcadamente durante a Guerra Fria. A internalização do conflito estabeleceu a presença do inimigo interno e para ele se voltara parcela significativa da ação do poder militar. Findo esse período, e distantes outros cenários de riscos iminentes ou potenciais à defesa do território (ou da Pátria, no texto constitucional), não é de todo surpreendente que as Forças Armadas sejam instadas a atuar no combate à criminalidade urbana, como também a agir em outros distúrbios julgados atentatórios à ordem vigente.

Por sua vez, firmou-se no aparelho militar, durante o regime autoritário, a visão de que sua obrigação existencial é a defesa do Estado, mas a partir de um formato muito singular.[21] Se na filosofia política liberal o conceito de bem público é entendido como essencialmente ligado ao bem-estar dos cidadãos, para a mentalidade militar bem público é identificado como segurança do Estado. Mas sendo a defesa do Estado uma incumbência precípua do seu braço armado, as Forças Armadas estariam correspondendo ao seu próprio desígnio. Todavia, não se trata aqui da atribuição inerente ao poderio armado estatal. O ponto central é que na mentalidade militar consolidou-se uma percepção de que nas próprias Forças Armadas está concentrado o poder de decidir o momento em que a existência estatal está colocada em risco.

Essa acepção do pensamento militar pode ser comparada às concepções políticas desenvolvidas por Carl Schmitt.[22] Para este autor

---

21 Estas concepções foram desenvolvidas em Soares, Samuel. *Militares e pensamento político*: análise de monografias da Escola de Comando e Estado-Maior do Exército. USP, dissertação de mestrado em Ciência Política, 1994.
22 Schimtt, Carl. *O conceito de Político*. Petrópolis: Vozes, 1993.

decidir significa, em última instância, discernir entre os amigos e os inimigos no interior de uma dada coletividade. A não-resolução dos conflitos existentes entre estes agrupamentos pode determinar a decomposição do Estado, situação em que emerge a essência do político: a distinção amigo-inimigo. Essa é a lógica que fundamenta a ação das Forças Armadas durante o período da Constituinte de 1988. Os militares têm demonstrado, em diversas ocasiões, que não pretendem abdicar de seu papel de guardião, de acordo com a prerrogativa constitucional de mantenedores da "lei e da ordem".[23]

Atinge-se um nível adequado de consolidação da democracia em relação ao poder militar quando determinadas assertivas constitucionais são acompanhadas de procedimentos suficientes para implementá-las. Um exemplo que ilustra esse ponto é a criação do Ministério da Defesa.

Ainda assim, a capacidade das Forças Armadas de se antecipar e se adaptar às mudanças contextuais é uma de suas características básicas. As instituições militares reagem com um certo instinto de sobrevivência burocrática e organizacional, similar a outras organizações complexas.[24] As mudanças possuem um enfoque duplo: institucional (levam à maturação de uma especial cosmovisão) e outro relativo ao contexto, implicando alianças políticas e sociais.

Após a crise de identidade ou de legitimação do fim dos anos 80 e início dos 90, as Forças Armadas brasileiras chegam ao limiar do século XXI com um possível redirecionamento de atribuições ou a continuidade de seus papéis tradicionais, mas com ênfases distintas a quem canalizar seu potencial coercivo de uso da força. O delineamento de um novo papel é um processo lento e complexo, de difícil percepção de seu sentido. Dois grandes campos modulam esse "novo profissionalismo". O primeiro refere-se ao potencial emprego do aparelho militar em questões estritas de segurança pública e o segundo orienta-se ao combate ao narcotráfico.

---

23 Hunter, Wendy. *State and the Soldier in Latin America*: redefining the militay's role in Argentina, Brazil, and Chile. Peaceworks, n. 10, out. 1996.

24 Agüero, Felipe. *Militares, civiles y democracia*: la Espanã postfranquista en perspectiva comparada. Madrid: Alianza Editorial, 1995.

Ordem Pública e Segurança Pública

A constatação de que a violência atinge níveis crescentes na sociedade brasileira é incontreste. Ao mesmo tempo, o fenômeno é acompanhado por explicações monocausais relativas ao seu recrudescimento, e, em decorrência, também as mais estapafúrdias soluções são apresentadas como insuperáveis e definitivas. Uma interação complexa de aspectos econômicos, sociais, institucionais e políticos deve ser analisada em conjunto para que não se caia na tentação de explicações simplistas e superficiais.[25]

Contudo, não se trata aqui de abordar diretamente as causas da violência, porém analisar algumas das soluções propostas, no caso, aquelas orientadas para a repressão do que alguns consideram como uma guerra civil, cujas principais vítimas são exatamente os mais pobres, excluídos economicamente e sem acesso a serviços públicos (segurança inclusive). As dificuldades ou mesmo impossibilidade de acesso à segurança, à Justiça, atendimento médico, educação, fazem com que nas periferias dos maiores aglomerados urbanos os índices de violência tornem-se assombrosos.

Entretanto, a percepção da criminalidade nos ambientes de classe média e alta é que assume níveis de exasperação e, em contrapartida da verificada falência dos instrumentos de força do Estado, é daí que surgem as mais variadas sugestões de alternativas para a supressão do caos, entre elas a demanda pela utilização das Forças Armadas, como único e último recurso a ser empregado.

A indicação do poderio armado do Estado para a "debandada do mal" é sazonal e oriunda de setores mais ou menos articulados. Mas quais seriam as conseqüências de emprego das Forças Armadas na área da Segurança Pública? Essa questão remete para a da *função*, da *missão*, do *papel* e da *atuação* dessas Forças em um regime democrático.

---

25 Zaluar, Alba. Violência, crime organizado e poder: a tragédia brasileira e seus desafios. In: Velloso, João Paulo dos Reis. (Coord.) *Governabilidade, sistema político e violência urbana*. Rio de Janeiro: José Olympio, 1994.

A Ordem Pública está relacionada com a busca de evitar a disrupção ou a desordem da situação política estabelecida. Com certeza o conceito e a concepção de ordem pública foram usados para a emergência de golpes de Estado na América Latina, enquanto era entendido que a ordem estabelecida corria riscos de ser ultrapassada por "repúblicas sindicalistas", como também foi largamente empregada pelos regimes autoritários para o esforço de preservação do exercício direto do poder de Estado, sendo que às dissidências a contrapartida foi a repressão.

Já a Segurança Pública se apresenta como um dos desafios mais graves ao Estado democrático, pois se refere aos direitos inerentes à pessoa e a sua proteção desses direitos como condição indispensável para sua efetivação, significando que a proteção não se vincula à ordem estabelecida e as normas que a sustentam, mas sim aos direitos e às liberdades.

Portanto, na essência, ao se tratar de Segurança Pública não há referências a inimigos, mas sim à preservação de direitos. Se para a Ordem Pública, embora muito questionável, se fale em inimigos a serem debelados, outra é a lógica com que as democracias buscam preservar liberdades na óptica da Segurança Pública.

As doutrinas tradicionais sobre o Estado apontam como seus elementos constitutivos o território, o povo, o poder organizado e a soberania. Para a manutenção desses elementos constitutivos, o Estado, muitas vezes, recorre ao uso da força, legitimada ou não pela institucionalização de procedimentos. Em regimes democráticos esses procedimentos devem seguir atribuições previamente estabelecidas e oriundas de consenso mínimo que garanta a legitimidade das decisões.

Mesmo que com apenas capacidade dissuasória, o poder armado do Estado é um instrumento de soberania nas relações intra-estatais. Por outro lado, a força é também considerada para eventual uso quando se alega que o Estado corre risco de agressões internas, mas a separação do que é ou não legítimo em ser considerado como agressão interna é problemática. As correntes mais conservadoras não abdicarão de considerar que agressões internas, ou o que consideram como tais, devam ser tratadas com rigor e o nível desse rigor dependerá das circunstâncias. Já para os que consideram que o conflito político é decorrente de situações de desigualdade e outras situações de injustiça social, a luta contra a opressão existente é considerada legítima.

Sobre a segurança internacional há concepções que enfatizam os fatores geopolíticos como essenciais, mas torna-se cada vez mais evidente que a configuração internacional se apresenta a partir de novas dimensões, nas quais o capitalismo, após a derrocada soviética e do socialismo de estado, surge como forma de produção hegemônica. Se os fatores geoeconômicos se apresentam cada vez mais relevantes, ultrapassando as fronteiras de cada Estado, já que as decisões centrais são crescentemente adotadas por corporações sem pátria e a presença do Estado-nação como ator central das relações internacionais deve ser redimensionada,[26] não é menos verdade que os fatores geopolíticos, entre eles os militares, ainda constituem peso na resolução de conflitos e de interesses entre os Estados.

Outro é o campo da Segurança Pública em sentido mais estrito. Quando as liberdades e a segurança do cidadão se encontram em estado de risco permanente, à falência dos diversos segmentos policiais segue-se a tentativa de que os militares ocupem a vacuidade das missões mais próprias das forças policiais. Todavia, as Forças Armadas constituem-se em instrumentos do Estado a serem empregados em outras atribuições, de tal modo que a formação militar é orientada para a ação contra o inimigo, cujos verbos que a definem são, por exemplo, aniquilar, destruir, impingir derrotas. Tanto os recursos bélicos colocados à disposição do poder armado, quanto as concepções estratégicas e táticas visam a essa finalidade o que torna tentadora a possibilidade de emprego das Forças Armadas no combate à criminalidade, enquanto percebida como a *ultima ratio* para o que se considera como uma guerra, mas é um sério risco à existência de um regime democrático.

---

26 Martins, Luciano. Novas dimensões da "Segurança Internacional". In: Dupas, Gilberto, Vigevani, Tullo. *O Brasil e as novas dimensões da segurança internacional*. São Paulo: Alfa-Omega, 1999.

Entretanto, mais por uma posição estabelecida entre as próprias Forças Armadas do que por uma clara direção política oriunda do poder civil, os militares não participam costumeiramente de ações voltadas à Segurança Pública. Em alguns casos, como a greve das polícias civil e militar do estado de Minas Gerais, houve emprego das tropas federais, pela ausência de uma instituição que pudesse se contrapor a uma greve realizada por um segmento armado e pertencente ao próprio Estado. Por não contar o país com uma guarda nacional, outra não era a solução senão recorrer às Forças Armadas.

Em outras circunstâncias, o emprego da força militar foi uma reação prematura e pouco hábil do governo federal em utilizar suas tropas contra greves do setor petroleiro, por exemplo, pela substituição da negociação pelo enfrentamento direto com emprego da força.

De todo modo, ainda que extemporâneas, manifestações ocorrem para que se convoque as Forças Armadas para combater o crime organizado e a violência urbana que se acirram. Os pedidos e mesmo propostas têm origem entre cidadãos pertencentes a organizações da sociedade civil e mesmo de alguns parlamentares.

No período não ocorre a utilização regular de tropas federais para a resolução dos conflitos de Segurança Pública, ainda que os apelos para que ocorra sejam consentâneos a momentos mais mediatizados de violência urbana. Outras operações com presença militar, embora embutissem a questão da Segurança Pública, apresentavam também outros propósitos e não diretamente centrados em objetivos atinentes a essa área, embora assim pudessem ser percebidos pela sociedade. Se, nesse campo, não há uma proliferação de propostas e menos ainda de ações, no caso do combate ao narcotráfico há uma mudança em curso.

Um antigo dilema: Segurança ou Defesa Nacional?

Uma mudança de rumos pode ser constatada a partir de pressões externas, como é o caso do governo norte-americano e sua Estratégia Nacional para o Controle das Drogas, referendada no governo do presidente George Bush, na qual eram vislumbrados os perigos crescentes para a sociedade norte-americana da ampliação do tráfico, e gerou pressões mais ou menos veladas para que as Forças Armadas dos países latino-americanos se lançassem no combate ao narcotráfico. No caso brasileiro, as reações mais fortes a essas posições partiram exatamente das Forças Armadas, que negavam incisivamente que tivessem por dever a missão de combater o tráfico de drogas, por julgá-la atribuição de outras instituições do Estado e que essa estratégia encobriria a tentativa de enfraquecer o poder militar dos países latino-americanos.

A forma que essas questões foram intuídas pelo sistema político brasileiro pode ser constatada no seu encaminhamento jurídico. A feitura na nova Carta Constitucional no Brasil assumiu um caráter de construção de consensos fáceis. Temas sociais, econômicos, papel do Estado e tantos outros foram definidos de forma tão abrangente que dificilmente correriam o risco de serem condenados por qualquer corrente ideológica presente entre os partidos políticos. No que toca aos temas de defesa e às questões militares, o consenso foi ainda mais esparso e fluido, visto que as propostas eram as mais desencontradas. O Congresso Constituinte atraiu todo tipo de visão sobre as Forças Armadas e as finalidades e missões dos militares. De um lado, embora com reduzida repercussão, havia um conjunto de teses que propugnava a falta de necessidade do aparelho militar, defendendo a pura e simples extinção das Forças Armadas. Esse encaminhamento não obteve êxito na ocasião, mas foi retomado ainda sem muito vigor, quando da supremacia dos Estados Unidos após a Guerra Fria. O argumento empregado então considerava que a extinção da bipolaridade permitiria a extinção das Forças Armadas, posicionamento que aproximava seus defensores da perspectiva norte-americana de que muitos países poderiam abrir mão de manter Forças para sua própria defesa e delegá-las às estruturas militares dos países centrais. Essas teses tornaram-se bastante conhecidas e propugnam uma função especificamente de "policiais de fronteiras" ao aparelho militar, o qual seria destinado ao combate ao narcotráfico, ao contrabando e ao crime organizado.

Outro conjunto de teses pontificava a necessidade das Forças Armadas assumirem para si muitas das tarefas as quais o poder público vem falhando historicamente em cumprir, como realizar a reforma agrária, defender o meio ambiente, alfabetizar adultos, prestar assistência social aos menores infratores, oferecer ensino profissional aos jovens e várias outras modalidades de substituição dos serviços públicos ineficientes (até mesmo inexistentes) pelo aparelho militar.

A permanência das funções historicamente consolidadas pelo aparelho militar indica que o tema não mereceu a atenção devida, sendo que exatamente as posições militares é que acabaram por prevalecer. Por conseqüência, a omissão dos demais atores acaba por reservar às próprias Forças Armadas a definição de suas missões. Duas hipóteses sobressaem entre parlamentares e militares: a "teoria da inexistência de risco iminente" e a "tradição jurídica brasileira".[27]

Segundo a "teoria da inexistência de risco iminente", o sistema político responderia a necessidades bem definidas e, se não existem pressões para o governo federal definir e implementar uma efetiva política militar, não há respostas nessa direção a exemplo de um sistema político em interação com o seu meio ambiente social. A inexistência de ameaças de guerra permite um certo tipo de argumentação entre parlamentares – em verdade bastante frágil – que se não são percebidas enquanto tais, não se transformam em questões políticas; portanto, não sensibilizam os partidos e os eleitores.

Na tradição jurídica brasileira impera a percepção de que os temas de defesa são inerentes ao segmento militar e não há uma vontade política expressa em se alterar significativamente o atual estado das coisas, vigendo uma concepção de *acomodamento* entre os poderes da República e o braço armado do Estado.

Assim está criado um círculo vicioso difícil de ser rompido, devido à subdimensão que o tema da Defesa Nacional ocupa no sistema político, o que desobriga a classe política a planejar para longo

---

27 Essas questões são aprofundadas em Oliveira, Eliézer Rizzo de, Soares, Samuel Alves. Forças Armadas, Direção Política e Formato Institucional. Op. cit.

prazo. Impera sim o caráter de urgência decorrente das crises pelas quais o país vem mergulhando de forma contundente, principalmente a Segurança Pública e o narcotráfico.

Se a Política de Defesa Nacional passa ao largo do tema, o Sistema de Planejamento do Exército[28] (Siplex), documento norteador da Concepção Estratégica do Exército, contempla as condicionantes a que se submete a formulação das opções de preparo e emprego da Força Terrestre. As premissas básicas do documento, como era de esperar, refletem os critérios estabelecidos pela Política de Defesa Nacional, mas, tendo em vista o caráter genérico desta, o Siplex denota uma certa facilidade com que a qual se lhe amoldou, permitindo um espaço de autonomia significativo para que a Força Terrestre estabeleça os critérios de sua atuação. O Sistema de Planejamento do Exército substitui, com adequada dose de realismo, a variável "ameaças" como definidora do preparo, emprego estratégico e dimensionamento das Forças Armadas, para centrar-se na estatura político-estratégica do país.

No tópico dedicado à Concepção Estratégica de Emprego e ao visualizar os seus possíveis cenários, o extrato do Sistema de Planejamento do Exército anuncia as dificuldades de precisar as ameaças externas, mas no âmbito interno afirma a existência de múltiplas e variadas ameaças, que podem ocorrer em curto lapso de tempo.[29] O documento, todavia, não aponta quais seriam essas ameaças. Mas há outro aspecto a ser observado. O extrato é dúbio ao indicar a concepção que fundamenta a doutrina de emprego acerca da defesa interna. No item 5, da Concepção da Organização e Articulação, considera que as ações de Defesa Interna estão vinculadas à manutenção

---

28 Concepção Estratégica do Exército 4 (extrato), Ministério do Exército. Brasília, 1997. O documento não é completo, sendo um extrato para divulgação mais ampliada.
29 Para um desenvolvimento conceitual sobre ameaças, ver Saint-Pierre, Héctor. Reconceitualiando "novas ameaças": as subjetividade da percepção à segurança cooperativa. In: Soares, Samuel Alves; Mathias, Suzeley Kalil. Novas Ameaças. Dimensões e perspectivas: desafios para a cooperação em defesa entre Brasil e Argentina. São Paulo: Sicurezza, 2003.

da ordem, portanto compreendem questões de Segurança Pública. Se assim é, depara-se com uma gravíssima distorção: a concepção é de natureza militar, no sentido que contempla o cidadão (pois é do que se trata a Segurança Pública) como inimigo. Isso se depreende pelas ações indicadas para essa estratégia, pois estão orientadas contra as Forças Adversas. Ainda que se trate de manutenção da ordem, considerar a população como Forças Adversas é grave e contrário ao fortalecimento de um Estado Democrático.

O Sistema de Planejamento do Exército generaliza as atividades a serem desenvolvidas e aponta ações de inteligência, associadas a operações psicológicas e ações de Comunicação Social como os procedimentos adequados para a prevenção e dissuasão. Operações Psicológicas constituem um arsenal de procedimentos próprios a ações antiguerrilha. Nesse sentido, há uma militarização de aspectos que são, antes de tudo, atinentes à esfera política e social e que, portanto, dizem respeito à cidadania.

Ocorre que o documento reflete uma falta de clareza quanto à questão da Defesa Interna. O item que versa sobre as Forças para a sua consecução, ali entendidas como forças de pacificação, indica que suas atribuições devem ser pautadas pela perspectiva da presença e da dissuasão. Não há a necessária diferenciação entre ações de mote beligerante contra a ordem institucional e a soberania do país e fatos que comprometam a ordem pública *stricto sensu*. Na mesma direção não distingue movimentos guerrilheiros de movimentos sociais.

O planejamento do Exército não detalha as questões de treinamento para a possíveis e múltiplas ações, o que é mais visível na Diretriz Estratégica de Instrução Militar,[30] a qual enfatiza a necessidade de preparo de todas as Organizações Militares operacionais para a defesa interna, inclusive destacando que a carga de instrução militar para esse fim deva ser ampliada. Essa questão deve ser analisada levando em conta a ausência de uma definição mais clara das missões das Forças Armadas na Política de Defesa Nacional e, ainda mais

---

30 Diretriz estratégica de instrução militar, Ministério do Exército, Brasília, 16.9.1997.

grave, a não existência de uma Política Militar, permitindo que o aparelho militar defina essas missões com acentuada autonomia. Na mesma linha devem ser analisadas as ações de inteligência. Dado que são necessárias como suporte e orientação para a tomada de decisões políticas, há que se distinguir entre ações de levantamento de informes e elaboração de informações, de ações que possam conduzir à uma postura autônoma por parte dos órgãos do sistema de inteligência. O passado, ainda não muito remoto, do sistema de informações das Forças Armadas é suficiente para que, ao menos, a questão seja levantada.

De maneira geral, o formato para a defesa interna transita, sem a necessária clareza, entre concepções próprias da bipolarização da Guerra Fria – centradas na concepção de inimigo interno – e as perspectivas de consolidação da democracia e de convivência com o dissenso. O cenário da inserção militar na defesa interna é particularmente difuso, tendo em vista a inexistência de normalizações e mecanismos claros sobre o tema.

Em outra esfera de atuação – o combate ao narcotráfico –, se não há ainda transparência, as ações militares começam a ganhar vulto, tanto na freqüência com que vem se sucedendo quanto nas orientações emitidas pelo poder civil.

Um novo profissionalismo militar? O combate ao narcotráfico

As operações de combate ao narcotráfico não figuram entre as mais tradicionais no elenco de atuação das Forças Armadas, mas essa situação vai lentamente se modificando, desde a presença militar no planejamento e coordenação da política nacional antidrogas até operações de maior vulto. Ao ser criada a Secretaria Nacional Antidrogas em 1998, sua subordinação estava afeita ao então Gabinete Militar da Presidência da República, uma situação duplamente anômala, pois a Constituição Federal indica a Polícia Federal como o órgão competente para a atuação nesse campo,[31] além de afastar do Ministério da Justiça a definição estratégica do combate ao narcotráfico. Ao ser denominado como Gabinete de Segurança Institucional o antigo Gabinete Militar ainda é presidido por oficial-general.[32] A vinculação do combate às drogas a um setor de forte conotação militar é mais uma das etapas de um processo lento na direção de uma maior participação militar na área.

A mais visível operação de combate ao narcotráfico foi a Operação Rio, posta em funcionamento entre o fim de 1994 e início de 1995. Operações como essa envolvem riscos de variadas ordens, tendo em vista o despreparo profissional militar para sua consecução, tanto no que se refere aos recursos humanos envolvidos, que recebem, de maneira geral, treinamento voltado para a ação externa contra inimigos equivalentes, como pelo aparato bélico próprio das Forças Armadas, inapropriado para ações com contato direto com a população civil.

A experiência anterior de participação na segurança do megaevento da ECO-92 tornou os militares uma referência para atuação nos morros do Rio de Janeiro no combate ao narcotráfico e a reinserção do Estado como o único ator legitimado para exercer a violência. O emprego das Forças Armadas na ECO-92 não foi todavia o único caso anterior de emprego militar. O Exército, principalmente, vinha atuando havia um bom tempo em ações que levavam os militares a entrar em contato com a população. Os chamados "patrulhamentos de instrução" executados pela Polícia do Exército começaram a se tornar menos raros no Rio de Janeiro, inclusive com a prisão de cidadãos, com fortes indicativos de que as polícias civil e

---

31 Constituição da República Federativa do Brasil, Art. 144, § 1°, alínea II, considera que cabe à Polícia Federal "prevenir e reprimir o tráfico ilícito de entorpecentes e drogas afins, o contrabando e o descaminho, sem prejuízo da ação fazendária e de outros órgãos públicos nas respectivas áreas de competência".

32 Lei 9.649, alterada pela Medida Provisória 1.911, define a estrutura da Presidência da República e estabelece as competências do Gabinete de Segurança Institucional, entre outras a de "coordenar e integrar as ações do Governo nos aspectos relacionados com as atividades de prevenção e repressão ao tráfico ilícito, ao uso indevido e à produção não autorizada de substâncias entorpecentes e drogas que causem dependência".

militar e a Secretaria de Justiça do estado do Rio de Janeiro desconheciam a operação.[33]

Os resultados obtidos na ECO-92 encorajaram inúmeros atores, inclusive da sociedade civil, a apoiarem maciçamente a ação militar nos morros. Entretanto, antes mesmo da assinatura do convênio entre o governo federal e o governo do estado do Rio de Janeiro para a viabilização do emprego das Forças Armadas, o Exército assumia posturas com excepcional desenvoltura, como ações nos morros para resgatar armamentos roubados de unidades militares.[34]

Novamente evidenciavam-se os riscos de emprego militar em ações de contato direto com a população. Mesmo os militares chamavam a atenção para o despropósito de participarem diretamente de ações nos morros da cidade do Rio de Janeiro, conforme declaração do ministro da Marinha, almirante Ivan Serpa.[35] Ainda que esses argumentos fossem apresentados, efetivamente deu-se a assinatura do convênio entre as duas esferas governamentais, autorizando a presença das Forças Armadas nas ações, inclusive subordinando-lhes as polícias Civil, Militar e Federal.[36]

A Operação Rio estava sendo tratada como efetivamente uma guerra social que colocaria em risco a sobrevivência do Estado. Efetivamente, embora os diversos discursos contrários à sua própria participação naquelas circunstâncias, a preparação militar vinha se efetivando já havia algum tempo antes da assinatura do convênio. Em maio de 1994 o então ministro do Exército, general Zenildo de Lucena, afirmava que o Exército estaria pronto para atuar e intervir na cidade, dependendo apenas de ordem emanada do presidente da República, à época Itamar Franco. Neste mesmo mês, cerca de quinhentos soldados do Exército atuaram nas favelas Ramos e Roquete Pinto, em operação sem atuação real e que perdurou por três horas.[37]

---

33 "Exército faz policiamento no Rio e prende 30". *O Estado de S. Paulo*, 26.2.1992.
34 "Ordem e contra-ordem". *Folha de S.Paulo*, 15.8.1994.
35 "Militares não querem subir morros". *Folha de S.Paulo*, 22.10.1994.
36 "Exército vai comandar polícia do Rio". *Folha de S.Paulo*, 1.11.1994.
37 "Exército realiza operação com 500 soldados em favelas da zona norte." *Folha de S.Paulo*, 28.5.1994.

Estava evidente a preocupação das tropas terrestres pelo reconhecimento do terreno, etapa fundamental para a elaboração de planos de atuação militar. Essas operações, ditas de "rotina", foram efetuadas sem nenhuma autorização de autoridade civil e há uma compreensão institucionalizada de que são "normais".

Ao ser efetivamente deflagrada, a Operação Rio, nos primeiros momentos, esteve cercada de uma série de cuidados e riscos.[38] Para as Forças Armadas havia um espaço restrito de atuação, que ao mesmo tempo não comprometesse sua imagem de operacionalidade, mas que evitasse uma atuação de tal nível de excelência que as obrigasse a uma permanência mais duradoura. Setenta e um mil soldados foram mobilizados, direta ou indiretamente, na operação, mais um fator que levou os comandantes militares a considerar os riscos de excesso na condução da missão. Entretanto, a preocupação não foi suficiente, pois muito cedo surgiram as notícias de abuso de autoridade, quer pela prisão de cidadãos, quer pela invasão de domicílios particulares sem a devida autorização judicial, quer pela atitude pouco transparente dos comandos militares para com a imprensa, já que os militares tenderam a considerar as operações como atividades sigilosas. A solução encontrada pelos comandos militares para a efetivação da entrada em residências particulares foi a utilização de um documento genérico de busca e apreensão, imperfeito legalmente por não especificar a quem estava sendo dirigido.[39]

As reações do Poder Legislativo surgiram em forma de pronunciamentos de integrantes da Comissão de Defesa Nacional e de Relações Exteriores da Câmara de Deputados, por entenderem alguns de seus membros que a atuação das Forças Armadas na operação deveria se pautar pela mais absoluta legalidade. Mas a solução encontrada era a de dar legalidade a atos perpetrados pelos militares mediante a promulgação do estado de defesa, e não necessariamente

---

38 Fuccille, Luis Alexandre. As Forças Armadas e a temática interna no Brasil contemporâneo. Dissertação de mestrado, Universidade Federal de São Carlos, out. 1999. Digit.
39 "Lettres de cachet", *Folha de S.Paulo*, 14.12.1994, p.1-2.

pela verificação da possível ocorrência de abusos. A atuação do Legislativo pautou-se por uma lógica de evitar o confronto e adaptar uma situação *de facto* ao *modus operandi* dos militares, já que a decretação do estado de defesa restringiria uma série de liberdades individuais, embora o deputado Luciano Pizzatto, presidente da Comissão, tenha advertido que se houvesse abuso o estado de defesa seria revogado.[40]

No âmbito diplomático, a posição do governo norte-americano, na voz do secretário William Perry, fazia coro à versão difundida pelas próprias Forças Armadas de que a atuação militar deveria se restringir ao apoio logístico em operações de combate ao narcotráfico.[41]

Embora os abusos e as ilegalidades cometidas, ainda assim a opinião pública percebia na atuação militar a solução derradeira para o caos da crise de Segurança Pública (pesquisa realizada apontava 89% de aprovação às ações militares no combate ao crime organizado no estado do Rio), apoio que era mais evidente entre os moradores de regiões distintas dos morros.[42] Também algumas entidades da sociedade civil apoiavam a permanência militar, como a organização "Viva Rio". O apoio continuou ainda significativo, mesmo após a morte de um civil nas operações.

O saldo final da Operação Rio – de restrição das ações dos traficantes – deve ser creditado única e exclusivamente à presença física das tropas, incapazes, todavia, de atuar no sentido da ruptura dos elos da sofisticada rede organizativa de fornecedores, traficantes e consumidores de drogas. As alianças estabelecidas entre os principais chefes do narcotráfico abarcam não só a substituição canhestra da ação estatal como também incorporam a urdidura de relações fundadas em associações morais, de gratidão, personalismo e compadrio. Os morros repetem, embora em outra escala e com as devidas distinções, as relações entre os grandes proprietários de terra e os ho-

---
40 "Deputado rejeita estado de defesa". *Folha de S.Paulo*, 26.11.1994, p.1-8.
41 "Secretário do EUA é contra militar em favela", *Folha de S.Paulo*, 19.11.1994.
42 " Cariocas querem ação do Exército também em 1995". *Folha de S.Paulo*, 27.11.1994, p.1-7.

mens livres que lhes prestavam serviços nas fazendas de café no século XIX, enquanto vigorava a escravidão no país. Desse modo, reduzida a operação à visibilidade da força, ao afastamento das tropas federais seguiu-se a reocupação dos morros pelos narcotraficantes, em um cenário de ausência da ação estatal em setores sensíveis, como educação, lazer, cultura, saneamento básico e justiça. Os "novos coronéis" orientam sua atuação pela efetivação de pequenas dádivas como substitutas da esfera estatal e por donativos que se pretendem compensatórios da violência e da força bruta.

A atuação militar mostrou-se, como ocorrera na ECO-92, desproporcional aos objetivos da missão. Armas pesadas e mesmo viaturas fortemente blindadas foram utilizadas como demonstrações de força e apenas recomendáveis no combate convencional contra inimigos externos. Seria surpreendente uma atuação pautada por rígidos critérios de respeito aos direitos humanos e nos limites da legalidade, já que efetivamente as Forças Armadas deram sinais claros de que não estão preparadas para agir em questões que dizem respeito exclusivamente aos órgãos policiais, os quais, é oportuno que se ressalte, estão muito distantes de pautarem suas ações por critérios minimamente democráticos.

No que diz respeito ao controle civil do poderio armado do Estado, a Operação Rio deu mostras de quão distante se encontra o país do aprofundamento desse aspecto essencial para a consolidação da democracia. A ausência ou reduzida participação de representantes do poder civil – justiça e polícia – nas fases de planejamento e execução denota a fragilidade da direção política sobre o aparelho militar, além de evidenciar o despreparo de parcela significativa de agentes estatais para agirem em conjunto e com preponderância civil mesmo em operações equivocadamente tratadas como militares.

Os acontecimentos de 1994 e 1995 nos morros cariocas, somados ao emprego das forças federais contra os grevistas do setor petroleiro em 1995, a partir da ocupação de quatro refinarias da Petrobras e pela demonstração inequívoca da incapacidade do poder civil de atuar de forma ponderada, tratando como conflito bélico uma questão política, serviram como elemento desencorajador para a banalização ao uso do recurso da força máxima do Estado. Porém, a crescente presença do narcotráfico em toda a América Latina reorienta as preocupações de governos com a definição do que seriam as efetivas ameaças. O continente latino-americano é marcado pelo baixo nível de conflito entre Estados, embora permaneçam pontos de potencial conflito, mas que são resolvidos pela via da negociação. Mas a expansão das rotas de tráfico e o espargimento de áreas de plantio de drogas introduzem uma nova variável no contexto da defesa.

Novas polícias de fronteira?

A agudização do problema do narcotráfico é claramente evidenciada em documentos da Organização dos Estados Americanos (OEA). Na Declaração de Princípios da Primeira Reunião de Cúpula das Américas, em 1994, afirmavam-se os efeitos nocivos gerados pelas drogas ilícitas e disposição para a cooperação contra o tráfico e a tomada de medidas efetivas para coibir o cultivo. O documento que trata do plano de ação é mais minucioso e considera a necessidade de que se adotem estratégias nacionais efetivas para prevenir ou reduzir significativamente o cultivo e o processamento das drogas. Ambos os documentos são cuidadosos em não interferir na soberania das decisões de cada Estado-membro, e, nesse sentido, não apontam os agentes encarregados dessas ações.[43] O tom das reuniões posteriores não foi distinto, como é o caso da Declaração de Santiago, correspondente à Segunda Reunião de Cúpula, em abril de 1998,[44] mesma preocupação apresentada na reunião de ministros da Defesa das Américas em 1996, que, embora situasse a questão da soberania e diferenças de cada estado membro da OEA, alertava para a necessi-

---

43 Sistema de información de la Cuembra de las Américas, Primeira Cumbre de las Américas, Miami, Florida, 9 al 11 de deciembre de 1994.
44 Sistema de información de la Cuembra de las Américas, Segunda Cumbre de las Américas, Santiago do Chile, Chile, 18-19 de April de 1998.

dade de fortalecimento no combate ao narcotráfico,[45] indicando os perigos crescentes das drogas para a segurança. A percepção brasileira sobre o tema – mais particularmente militar – reflete-se na preocupação em ampliar a vigilância sobre a extensa fronteira terrestre, antiga postura militar, que se inicia já a partir do século XIX – para restringirmo-nos ao tempo do Brasil independente – com as expedições de cartografia compostas por militares e mais ainda com as ações empreendidas para a manutenção da integridade nacional.

Na década de 1990, é o Projeto Calha Norte e o Sivam que concentram as maiores atenções, pela necessidade de efetivação de controle sobre uma fronteira terrestre de oito mil quilômetros, em uma região com mais de oitenta rios navegáveis. Embora tenha perdido o seu impulso inicial devido a suspeitas de falta de transparência na concorrência pública para a escolha das empresas que forneceriam os sofisticados equipamentos necessários à implantação do Sivam – previsto para entrar em funcionamento em 2001 –, falhando a tentativa de ampliar a presença de instituições estatais na vasta Amazônia, a questão não desapareceu por completo. Quando da efetivação do Ministério da Defesa, o recém-empossado ministro Élcio Álvares destacava que a prioridade da nova pasta seria aumentar a participação das Forças Armadas nas políticas de combate ao narcotráfico nas fronteiras, tarefa que regularmente caberia à Polícia Federal. O ministro considerava que

> a Constituição determina à Polícia Federal a iniciativa do combate ao tráfico. Mas esse problema alcançou uma dimensão tão grande que as Forças Armadas não ficarão ausentes, de maneira nenhuma, num chamamento constitucional para dar ênfase maior a esse combate.[46]

As Forças Armadas lentamente conduziam-se para cumprir essas novas missões, até então restritas à Policia Federal e, no ano de

---

45 Sistema de informação de la Cuembra de las Américas, Defense Ministerial of the Americas, Williamsburg, Virgina, July 24-26, 1996.
46 "Defesa combaterá o narcotráfico: novo ministério põe militares ao lado da PF nas fronteiras", *Jornal do Brasil*, 11.6.1999.

1999, duas operações militares refletiram essa postura do emprego das Forças Armadas. Uma das operações foi orientada para a erradicação do plantio de maconha no sertão do estado de Pernambuco e outra para a repressão ao tráfico na Amazônia.

A Operação Mandacaru foi a primeira megaoperação militar de combate ao narcotráfico em área não urbana, envolvendo mais de 1.500 soldados das Forças Armadas. A área de atuação dessas forças estendeu-se pela região conhecida como Polígono da Maconha, no estado de Pernambuco, aliada a representantes de outras esferas estatais, como membros da Receita Federal.[47] O objetivo explicitado pelo coordenador-geral da operação, general Cardoso, chefe do Gabinete de Segurança Institucional, era o de destruir as plantações da droga, ampliar linhas de crédito para os agricultores e buscar levantar os principais responsáveis pela produção e tráfico, por meio de ações dos serviços de inteligência das Forças Armadas.

No cômputo final dos resultados da operação – após quase dois meses de duração –, parte desses objetivos foi atingida, à medida que nomes dos principais envolvidos na produção e tráfico foram levantados, mas no que se refere ao plantio da maconha, ao afastamento dos militares seguiu-se o rápido replantio da droga.[48]

A outra operação, parcamente acompanhada pela imprensa, foi uma ação militar de vulto no mês de novembro de 1999, na Amazônia. Os propósitos eram mais do que o controle da fronteira, já que se constituíram em uma demonstração de força para as Forças Armadas Revolucionárias da Colômbia (Farcs), como também para os membros do Sendero Luminoso, os quais, segundo o presidente peruano Alberto Fujimori, teriam bases em território brasileiro. A região de Querari, também conhecida por "Cabeça do Cachorro", foi o palco da operação que contou com tropas especiais e de elite do Exército e mais um contingente de 25 mil soldados do Comando Militar da Amazônia, complementando o Projeto Tabatinga da Se-

---

47 "Exército já combate droga", *Jornal do Brasil*, 26.11.1999.
48 "Triunfos do narcotráfico", *Folha de S.Paulo*, 3.2.2000.

cretaria Nacional Antidrogas visando evitar que o cartel de Letícia concretizasse o plano de se instalar em território brasileiro. Essas operações são o resultado de novas estratégias de combate ao narcotráfico, principalmente pelo lento mas crescente emprego das Forças Armadas.

Porém, não apenas a proteção das fronteiras ocupa os planos militares. Segmentos do governo trabalham com a hipótese de que a facção Luta de Organização Camponesa (LOC), uma dissidência do Movimento dos Sem Terra (MST), estaria implantando um foco guerrilheiro na região amazônica.[49]

A questão do narcotráfico ganhou relevo no debate nacional após o início dos trabalhos de uma Comissão Parlamentar de Inquérito da Câmara dos Deputados que vem levantando e mapeando as principais rotas e os principais dirigentes envolvidos, entre os quais já estão apontados um sem-número de políticos e membros das forças policiais federais e estaduais. Entre as propostas apresentadas pela comissão para o combate ao narcotráfico e expostas ao presidente da República, estaria a participação mais efetiva das Forças Armadas no processo de debelamento do complexo sistema do narcotráfico, inclusive pela formação de unidades de tropa especializadas nessas ações,[50] propostas essas que estão em estudo pelo Poder Executivo, que tem resistido a usar suas tropas com maior constância, apenas admitindo a possibilidade de apoio logístico. O anterior ministro da Justiça, José Carlos Dias, a quem se subordinava a Polícia Federal, defendia com veemência a participação mais direta das Forças Armadas no combate ao narcotráfico e ao contrabando, ainda que com atribuições distintas das tarefas policiais.

O quadro é indicativo da inexistência de definição clara sobre as missões que as Forças Armadas devam desempenhar, o que permite uma relativa autonomia do aparelho militar em decidir sobre as condutas consideradas as mais apropriadas e oportunas para sua pró-

---

49 "Tropa ocupa assentamento", *Folha de S.Paulo*, 30.6.1999, p.4.
50 "Forças Armadas vão combater narcotráfico", *Jornal do Brasil*, 10.11.1999.

pria ação. Denotam ainda a perspectiva de defesa interna defendida pelas Forças Armadas e mais especificamente o Exército, considerando a possibilidade de ação contra forças adversas, um elenco agora ampliado pelos narcotraficantes e contrabandistas.

Percebe-se, dessa forma, uma lenta metamorfose do conceito de segurança entre os militares. Anteriormente o conceito de segurança era marcado pela visão militar do Estado, a partir da sistematização levada a cabo pela Escola Superior de Guerra (ESG) e referida pela Doutrina de Segurança Nacional, de forte vínculo organicista. Essa doutrina foi ponto de referência hegemônico do pensamento político dos militares, ao longo de distintas gerações, e mais fortemente durante o regime autoritário. Impregnava a Doutrina de Segurança Nacional a bipolaridade decorrente da Guerra Fria, e o inimigo a ser combatido era interno, desde que demonstrasse, por atos e mesmo palavras, simpatias ao pensamento marxista e soviético.

A reorientação das missões está afeita à identidade militar, que se forja em dois planos. O primeiro refere-se à concepção de presença nacional e de uma percepção de representação dos anseios nacionais, o que ainda era visível em discursos e documentos formativos utilizados nas escolas militares. Não há sinais de esgotamento dessa percepção e mesmo a sociedade corrobora essa concepção, tanto que pesquisas de opinião apontam as Forças Armadas como as instituições mais confiáveis do país. A construção da identidade também se dá pelo redirecionamento doutrinário provocado por serem outros os inimigos a serem combatidos. Nesse caso há uma mudança em curso, embora lenta, e sua direção não é facilmente percebida. Se anteriormente a territorialidade e a nacionalidade do inimigo – quando se tratava do inimigo interno – já comportavam um grau elevado de indeterminação, apenas reduzida pelas causas defendidas e que distinguiam amigos de inimigos, no período perderam em parte seu aspecto ideológico, substituídos pela razão econômica embutida no mercado de drogas, embora a questão ideológica ainda seja reconhecida em movimentos sociais que intentam criar fatos geradores de entropia política. De um ponto de vista topológico as Forças Armadas, acentuadamente o Exército, têm sua atenção voltada para dentro do país, e nesse sentido não há mudanças significativas, pois assim tem sido ao longo do período republicano, pelo menos. Mas se antes o inimigo a ser combatido assim o era exclusivamente pelo seu potencial subversivo à ordem política, agora havia que se acrescentar o narcotraficante e o contrabandista, ao lado dos militantes de movimentos sociais signatários de mudanças mais profundas no sistema social e econômico brasileiro.

A institucionalização de um "novo profissionalismo militar" está compreendida em um cenário difuso, no qual as missões militares clássicas são expostas a dúvidas e novas orientações. A redução da percepção de ameaças externas implicou em novas missões aos militares, como o combate ao tráfico de drogas e outras atividades criminais, o que pode levar ao risco de enfraquecer o profissionalismo militar orientado para a defesa do território. De um "profissionalismo politizado"[51] passa-se diretamente para um profissionalismo não clássico, um *profissionalismo policializado*.

No plano político, uma nova reorientação do emprego militar como força policial, substituindo as ações orientadas para os inimigos da ordem presentes ao longo da Guerra Fria, constituiu-se em mais uma dificuldade para a efetivação do controle civil sobre as Forças Armadas, já que, quando a ênfase do emprego da força militar recai sobre a dimensão externa, aquele controle é facilitado, ocorrendo o contrário quando o emprego militar é orientado para o cenário interno.[52]

No que diz respeito a estruturação, preparo profissional e meios disponíveis, o uso das Forças Armadas na Segurança Pública mostra-se inadequado, já que a profissionalização militar está centrada no combate convencional a outras forças de mesma natureza. Um

---

51 Fitch, J. Samuel. *The armed forces and democracy in Latin America*. Baltimore: The John Hopkins University Press, 1998.
52 Desch, Michael. Threat Enviroments and military Missions e Goodman, Louis. Military Roles Past and Present. In: Diamond, Larry, Plattner, Marc. *Civil-relations and democracy*. Baltimore, Maryland: John Hopkins, 1996.

modelo militar *prêt-à-porter* como substituto de polícias em crise ou de "polícia das polícias"[53] seria uma situação a princípio inadequada, a ser definida, em última análise, pela vontade política do poder civil.

São partes integrantes desse cenário a militarização da polícia ocorrida ao longo do regime autoritário, que permitiu uma forte autonomização desses aparelhos em relação aos governadores de estado, e as dificuldades adicionais para manter as Forças Armadas como ator coadjuvante em qualquer operação no Brasil, mesmo que se restrinjam à distribuição de alimentos ou transporte de urnas em eleições. Por outro lado, é exorbitante considerar que o narcotráfico constitua, em primeiro plano, uma ameaça à soberania do Estado que justifique uma intervenção militar, costumeiramente levada a efeito nos moldes de autonomia em relação ao poder civil.

As inúmeras tarefas afeitas aos militares, desde assistência humanitária e em desastres naturais, combate ao narcotráfico, atuação de manutenção da esfera decisória do Estado, projetos de cunho ecológico, combate ao contrabando, indicavam a emergência de um novo profissionalismo, que, antes que se saiba desejável, importa que sobre ele paire a legitimidade de decisão própria ao poder civil em uma democracia política, restringindo um papel das Forças Armadas que lhes permita caracterizar, com autonomia, o que venham a julgar como circunstâncias de excepcionalidade do sistema político.

Controles e autonomia militar nos governos de Fernando Henrique Cardoso

No quadro a seguir são apresentadas as dez categorias de análise indicadas para a verificação da autonomia militar nos governos de Fernando Henrique Cardoso.

---

53 Oliveira, Eliézer Rizzo. Política de Defesa Nacional e relações civil-militares no governo do presidente Fernando Henrique Cardoso. *Premissas*, caderno 17-18, maio de 1998.

Quadro 4 – Nível de autonomia militar no primeiro governo de Fernando Henrique Cardoso[54]

Categorias de análise	Decisão política	Peso	Pertinência	Peso	Resultado ponderado	Nível de autonomia militar
1. Expectativas do sistema político sobre a função, o papel e as missões das Forças Armadas	Média	2	Baixa	3	6	Média alta
2. Participação dos civis na organização da Defesa Nacional	Média	3	Média	2	4	Média
3. Dimensão das Forças, custo econômico e controle sobre recursos	Média	2	Baixa	3	6	Média alta
4. Capacidade de fiscalização do Congresso sobre as atividades militares	Baixa	3	Baixa	3	9	Alta
5. Decisões sobre a política de pessoal militar	Média	3	Média	2	4	Média
6. Foros especiais para militares	Baixa	3	Baixa	3	9	Alta
7. Produção de informações de inteligência	Média	2	Média	2	4	Média
8. Atividades das Forças Armadas em ações de defesa interna	Média	2	Baixa	3	6	Média alta
9. Educação e doutrina militar	Baixa	3	Baixa	3	9	Alta
10. Revisão sobre ações do regime autoritário	Média	2	Média	2	4	Média

54 Contempla também o primeiro ano do segundo governo.

Permaneceu inalterada – média alta – a situação quanto ao grau de autonomia militar no campo da definição sobre a *função, o papel e as missões das Forças Armadas*. Segmentos sociais sinalizavam a expectativa de emprego das Forças Armadas na Segurança Pública, e o papel militar tende a uma nova conformação, voltada em parte ao combate ao narcotráfico. Nessas ações, os militares ainda mantêm um grau relativo de autonomia, não mais sobre os fins últimos das operações, ou sobre *o que* fazer, mas sim no que diz respeito a *como* fazer.

A *participação dos civis na organização da Defesa Nacional* altera-se de forma significativa. A elaboração das diretrizes da Política de Defesa Nacional, ainda que genéricas, e principalmente a criação do Ministério da Defesa são pontos altos na restrição da autonomia militar, sendo considerada como *média*. Uma redução nesse nível compreenderia outros procedimentos, tais como a elaboração de uma Política de Defesa mais detalhada, uma Política Militar e uma participação mais efetiva de civis na área de estratégia, o que ainda não é um fato. Um ponto de destaque é a ausência de um Livro de Defesa, que mobilizasse distintos setores para a análise e reflexão acerca de questões mais gerais de Defesa e Segurança Internacional no país.

A *dimensão das Forças, custo econômico e controle sobre recursos* tem sido uma área de restrição constante da autonomia militar, tendo em vista o peso do Congresso na definição orçamentária e um acompanhamento mais próximo dos gastos militares. Ao início de cada governo percebe-se um esforço de ampliar os gastos militares. Há indicativos, não categóricos, de que os governos procuram não um apoio explícito das Forças Armadas, mas preferem reduzir possíveis pontos de atrito. A constituição do Ministério da Defesa permitirá uma visão mais clara dos gastos militares em conjunto. Trata-se de uma via de maior efetividade para o controle civil. Considera-se o nível de autonomia ainda como *médio alto*, mas tendendo a reduzir-se.

Ainda como no período anterior, *a capacidade de fiscalização do Congresso sobre as atividades militares* não foi modificada na sua essência. O grau de autonomia militar, nesse sentido, é considerado *alto*.

As *decisões sobre a política de pessoal militar* modificaram-se, já que os novos mecanismos institucionais permitem um acompanhamento do governo sobre as Forças Armadas. De todo modo, o Exército promoveu um general suspeito de ter participado da tortura, a partir de uma decisão autônoma.

Outros aspectos ainda devem ser revistos para o aperfeiçoamento dessas relações. É certo que o envolvimento direto dos quartéis na política partidária não é adequado, pelos riscos de perda da neutralidade do poder armado do Estado, mas não há como justificar-se que os conscritos e profissionais com formação superior (médicos, dentistas, farmacêuticos etc.) que prestam o serviço militar obrigatório sejam proibidos de exercer o direito de voto. Pelo temor da partidarização militar, as Forças Armadas se empenharam para que este quesito fizesse parte da legislação eleitoral. Dessa forma, cria-se uma cidadania de segunda categoria e restringem-se gravemente os direitos políticos das pessoas envolvidas. Esse é um debate a ser realizado no Congresso, pelo interesse do aperfeiçoamento democrático, e é indicativo do nível de autonomia para essa categoria de análise, considerado *médio*.

Quanto aos *foros especiais* de justiça para militares não houve modificações, permitindo classificar a autonomia como de *alto* grau nesse aspecto.

Sobre a *produção de informações de inteligência*, a criação, após debate mais amplo com a sociedade, da Agência Brasileira de Informações foi um avanço significativo. Todavia, alguns de seus componentes pertenciam aos quadros do extinto SNI, permanecendo a possibilidade que mantenham certas práticas do passado. Por sua parte, os serviços de inteligência de cada Força continuam a funcionar sem meios de controle externo sobre suas atividades. Nesse caso, o nível de autonomia militar é considerado *médio*.

De forma mais evidenciada, percebe-se uma lenta mudança nos rumos da profissionalização militar. Embora se afastando da atuação na ordem pública, as Forças Armadas ampliam sua atuação na luta contra o narcotráfico, cuja fronteira com a Segurança Pública é muito tênue. Nas atividades de *defesa interna* o acompanhamento é realizado pelos órgãos de inteligência de cada uma das Forças e a atuação militar ainda se pauta pelo nível *médio* alto de autonomia.

No campo da *educação e doutrina militar* não aconteceram modificações substantivas. Durante o primeiro governo de Fernando Henrique foi aprovada a nova Lei de Diretrizes e Bases da Educação, sancionada em 1996, a qual afirma que o ensino militar se regerá por normas próprias. Ao que se saiba, é a única exceção existente. Essa menção também é assinalada na Medida Provisória 1.911-7, de 29.6.99, que altera a Lei 9.649 e que dispõe sobre a organização da Presidência da República e dos ministérios. Ao tratar da responsabilidade do Ministério da Educação, considera-o responsável pela educação em geral, *"exceto ensino militar"*. O grau de autonomia permanece *alto* nesse quesito.

Em relação à *revisão sobre ações do regime autoritário* o saldo final indica uma mudança no sentido de redução da autonomia militar. A solução dos problemas legais relacionados aos desaparecidos avançou nesse sentido, ainda que os responsáveis pelos atos ilegais tenham sido mantidos em sigilo. Para esse tópico a classificação é um grau *médio* de autonomia militar.

Em resumo, no plano dos mecanismos institucionais, há avanços perceptíveis durante esse governo, pela definição de importantes mecanismos de controle, embora certas práticas enraizadas permanecessem como obstáculo para uma melhor adequação das relações entre civis e militares.

Considerações finais

A relação entre Forças Armadas e Sistema Político foi analisada considerando que desse sistema fazem parte as diferentes conexões entre variados sujeitos e instituições políticas – Executivo, Parlamento, Poder Judiciário, partidos, sindicatos, corpo eleitoral, entidades territoriais e funcionais, administrações públicas, Forças Armadas, organizações econômicas, Igrejas e similares –, levando em conta os aspectos da normatividade e da dimensão histórico-social que conformam essas conexões, como também os valores e expectativas envolvidos.

A concepção de sistema político utilizada não se restringe à esfera do Estado ou da sociedade civil ou política, mas pretende articular esses elementos do ponto de vista analítico. Ainda mais: é uma escolha que ultrapassa a idéia de sistema político como sendo uma instância cuja finalidade é apresentar respostas a demandas específicas, embora essa seja uma das características de algumas de suas instituições.

Um sistema político não se estrutura no vazio, mas em relações complexas e multideterminadas com processos econômicos, estruturais de classe e mecanismos culturais. O que o constitui é o modo como são gerados e se relacionam os sujeitos sociais, a maneira como as classes e categorias discerníveis se tornam sujeitos e atores.

Ao sistema político não cabem responsabilidades específicas e, portanto, foge à sua alçada a tomada de decisões no âmbito do Estado. Desse modo, ao se pensar em autonomia castrense em uma democracia a referência é a vinculação à classe política dirigente legitimamente institucionalizada. Entretanto, as formas como se processam as decisões sobre o campo da defesa e as questões militares denotam os valores e as práticas políticas sedimentadas. Enfim, o que se quer enfatizar é que a partir das relações entre sistema político e Forças Armadas pode-se melhor compreender como se estabelecem os rumos para as definições da função, do papel e das missões atribuídas às Forças Armadas.

Empiricamente, a partir das categorias de análise propostas na Introdução, o trajeto para a compreensão daquelas relações levou em conta uma distinção entre dois planos: o plano institucional-legal e o plano da conjuntura política dos períodos considerados e que foram trabalhados a partir de categorias de análise, agora retomadas. A seguir (Quadro 4), é apresentado um quadro sinóptico com a justaposição dos três períodos analisados.

Da perspectiva adotada neste trabalho, nota-se que há enclaves de autonomia em todas as categorias eleitas, ainda que com grau diferenciado. Das dez categorias de análise que serviram como fio condutor para a análise da autonomia militar, três mantiveram-se com nível de autonomia *alto* nos três períodos. Dentre elas, duas, *educação e doutrina militar* e *foros especiais para militares*, apontam para uma autonomia mais estritamente institucional, sem que se perceba, à primeira vista, uma repercussão mais acentuada na esfera política. Decerto não se deve descurar que um processo educacional com tal nível de autonomia faculta, às próprias instituições militares, um espaço significativo para um processo de socialização que pode ocorrer nem sempre condizente aos princípios democráticos.

Entretanto, há uma visão, ainda que difusa, entre militares e alguns segmentos civis de que cabem às Forças Armadas a manutenção da estabilidade social e a resolução de crises entre as elites políticas. Nas Forças Armadas, por seu turno, permanece uma forte percepção de que elas constituem o principal elemento para a preservação da unidade nacional. Vigora um *hibridismo castrense*, que tem sido a marca da atuação política das Forças Armadas: a preparação

Quadro 4 – Nível de autonomia militar: da transição à democracia

Categorias de análise	Nível de autonomia militar		
	(1974-1989)	(1990-1994)	(1995-1999)
1. Expectativas do sistema político sobre a função, o papel e as missões das Forças Armadas	Alta	Média alta	Média alta
2. Participação dos civis na organização da Defesa Nacional	Alta	Alta	Média
3. Dimensão das Forças, custo econômico e controle sobre recursos	Média alta	Média alta	Média
4. Capacidade de fiscalização do Congresso sobre as atividades militares	Alta	Alta	Alta
5. Decisões sobre a política de pessoal militar	Alta	Alta	Média
6. Foros especiais para militares	Alta	Alta	Alta
7. Produção de informações de inteligência	Alta	Média	Média
8. Atividades das Forças Armadas em ações de defesa interna	Média alta	Média alta	Média alta
9. Educação e doutrina militar	Alta	Alta	Alta
10. Revisão sobre ações do regime autoritário	Alta	Alta	Média

bélica para a conflagração externa e uma doutrinação para o âmbito interno. Essa lógica bifronte, que aparentemente se refere a uma autonomia sem maiores conseqüências políticas, revela-se como uma dimensão essencial para a efetivação do controle político e restrição da autonomia militar; todavia, como apresentado, os órgãos responsáveis pela direção e acompanhamento do sistema educacional do país abriram mão do controle da educação militar.

Os foros especiais para militares ainda permaneciam inalterados no período estudado.

Nas demais categorias de análise, o grau de autonomia mantém-se como *médio ou médio alto*. Há nesse caso inúmeras implicações. É possível indicar que no plano institucional-legal, compreendendo a definição de normas constitucionais e infraconstitucionais que definem a função das Forças Armadas e a elas atribuem missões, houve avanços significativos, como é o caso da criação do Ministério da Defesa, das diretrizes para uma Política de Defesa e da criação da Abin com mais adequado acompanhamento externo, até mesmo do Congresso.

Efetivamente a formatação de um Ministério da Defesa é tarefa para um período mais longo, mas é um passo essencial para a Política de Defesa e um mecanismo adequado para o controle sobre as Forças Armadas, pois traz as possibilidades de maior participação civil na organização da defesa nacional, nas decisões sobre a política de pessoal militar e na produção de informações de inteligência.

Todavia, a Constituição Federal incorre em uma definição inapropriada para a consolidação da democracia, ao estabelecer que as Forças Armadas são responsáveis pela manutenção da lei e da ordem, e, tão ou mais grave, pela garantia dos poderes constitucionais. Na hipótese de conflitos entre os poderes caberia às Forças Armadas o papel de árbitro, o que não corresponde aos pressupostos democráticos.

Mesmo a definição de que concerne às Forças Armadas a atribuição de serviço alternativo para os alistáveis que alegarem imperativo de consciência para não prestarem o serviço militar pode ser considerada como uma função exorbitante, pois o serviço militar não é prestado a elas, mas ao país. Na mesma direção estaria o debate sobre o serviço militar obrigatório, também matéria que ultrapassa as atribuições das instituições militares.

A presença dos comandantes das Forças como membros natos do Conselho de Defesa Nacional é inapropriada, pois excede o escopo das funções de "estudar, propor e acompanhar o desenvolvimento de iniciativas necessárias a garantir a independência nacional e a *defesa do Estado democrático*" (grifos do autor), como afirma o artigo 91 da Carta. Seria o caso de considerar membros *ad hoc* apenas presentes quando os temas fizessem parte de sua esfera de competência.

As atividades das Forças Armadas em ações de defesa interna constituem outro tópico bastante delicado. Embora os militares resistam ao emprego na área de Segurança Pública, no que se refere a movimentos sociais capacitados para ações mais contundentes, como o MST, a partir da percepção de que possam colocar em risco o próprio Estado, poderá acarretar em ações consideradas de defesa interna, para as quais as Forças se preparam recorrentemente. É claro que o fato não designa, por si só, autonomia militar, pois a definição de emprego das Forças Armadas poderá partir de qualquer um dos três Poderes da República, desde que com o aval final do presidente da República, mas a autonomia poderá prevalecer se o poder civil não tiver capacidade ou vontade para definir os meios e os limites das operações. Contudo, o emprego para esse fim seria inconseqüente e contrário à efetivação democrática.

No que diz respeito à capacidade de fiscalização do Congresso sobre as atividades militares o quadro é bastante frágil. Pelas características já apontadas do sistema político brasileiro, entre elas a fragilização dos sistemas de representação política e a hipertrofia do Executivo, aliadas a uma omissão e despreparo dos congressistas, há reduzidas possibilidades de que esse aspecto se altere em curto prazo.

Quanto ao acerto com o passado não houve, no período estudado, uma demanda articulada para um novo processo que levasse à indicação dos responsáveis pelos crimes perpetrados por agentes do Estado.

As categorias de análise mostram-se adequadas do ponto de vista empírico e analítico e auxiliam na compreensão mais acurada das relações civil-militares. A partir dessas categorias constata-se que a elaboração de regras de procedimento e a construção de mecanismos que permitam transformar a direção política em ato efetivo estão encaminhadas favoravelmente, embora não sejam suficientes. Entre outras, há a necessidade de uma política de defesa nacional debatida mais amplamente, inclusive pelo Poder Legislativo, e que torne mais claras as missões e atribuições de responsabilidades. Na mesma linha, mas com especificidades próprias, uma política militar consentânea e suficiente para definir os rumos do preparo militar. Uma política militar estabeleceria critérios para a verificação da capacidade de atuação militar, dos critérios de adestramento das tropas e, mais importante, se a manutenção de Forças de caráter dissuasório está suficientemente resolvida com a continuidade da concepção de presença nacional das Forças, ou se ficaria mais bem equacionada com um enxugamento da estrutura militar e a organização de tropas de pronta resposta mais bem aparelhadas e equipadas. Ausente uma política militar, as próprias Forças estabelecem os rumos de suas ações.

Do quadro comparativo não se pode inferir categoricamente que haja um "viés de baixa" na autonomia, mas sim que houve alguns avanços.

Esse último comentário remete ao conceito de controle civil. O modelo proposto por Samuel Huntington não é suficiente para o entendimento de países com forte tradição pretoriana ou "imaturos" do ponto de vista da existência de mecanismos institucionalizados para a construção de consensos, ou ainda quando as práticas existentes isolam uma participação mais ampla na esfera política. Como a base da argumentação de Huntington é que a garantia do controle civil objetivo é o profissionalismo militar, no qual estaria embutido o valor de lealdade ao poder civil, sua concepção – além de ser um *dado* – não leva em conta a capacidade de direção política.

A direção política remete ao conceito de autoridade. Na tradição weberiana, a base da autoridade é a legitimidade, isto é, a justificativa que o dominado considera para fundamentar seu ato de aceitação de ordens. De outra parte, como a dominação é pensada como "a probabilidade de encontrar obediência" para que seja legítima, deve haver submissão por parte dos dominados, ou um mínimo de *vontade* de obediência, ou de *interesse* em obedecer.

Há inúmeras questões embutidas nesse aspecto, mas, para os fins específicos pretendidos neste trabalho, ao interesse em obedecer deve corresponder o propósito de buscar a obediência, pois a autoridade se reveste no *direito* de direcionar as ações de outros. E aqui se chega a um nó da questão da supremacia civil, ou controle civil sobre os militares: a vontade de exercer o poder. Portanto, se de um lado há o *dever* de cumprir diretrizes por parte dos dominados, há o *direito* de exercer a autoridade por parte do dominador. A aceitação do poder como legítimo é que confere estabilidade à autoridade e esta é uma característica bem pouco presente no sistema político brasileiro: a que os militares legitimem a autoridade civil e que o poder civil se perceba no direito de exercer supremacia ou queira efetivamente exercê-la.

Por esse motivo, o controle civil entendido como decorrente de baixo nível de contestação e de prerrogativas dos militares não permite clareza adequada para a análise da supremacia civil. A idéia de prerrogativas é muito cambiante, mas não designa suficientemente o nível de autonomia, que envolve a liberdade de agir voluntariamente. A subordinação decorre da aceitação de uma ação indutiva como direção pelo subordinado.

A omissão do Congresso, o desinteresse dos partidos e um acomodamento do Executivo não devem levar a inferir, no entanto, que modificações de conduta desses atores políticos levariam a uma restrição significativa da autonomia militar, como se as Forças Armadas apenas aguardassem definições mais claras e precisas sobre suas missões e atribuições. Não há elementos suficientes para uma afirmação desse teor.

A centralização, pelo Executivo, das decisões mais graves do país e a subalternidade do Legislativo tornaram-se arraigadas no plano das crenças, dos valores e das atitudes referentes à esfera pública, o que diminui as possibilidades de atuação relevante do Poder Legislativo sobre questões de defesa e temas militares.

Há, nas análises sobre as relações civil-militares, centralmente na questão da supremacia civil em regimes pós-autoritários, a ênfase sobre as possíveis insuficiências dessa supremacia naquelas situações em que, paralelamente a um projeto civil de transição, os militares apresentam seu próprio projeto. Mas muitas análises não diferenciam se esse projeto busca manter prerrogativas institucionais ou se interfere diretamente nas questões de governo. É preciso, portanto, que se diferenciem essas circunstâncias. Pode ocorrer que o projeto militar articule uma visão de curto prazo que diga respeito a questões de governo, mas com intuitos meramente institucionais e uma visão de longo prazo com aspectos que se refiram ao Estado.

Aspecto essencial para analisar as relações civil-militares é a dimensão geopolítica do país. As ameaças externas ou uma postura mais claramente ofensiva transformam as questões de defesa em variáveis-chave para o sistema político e econômico. Ao contrário, em países em que as questões externas não assumem caráter de gravidade, as implicações do poder armado do Estado estão voltadas para "dentro". Este é mais um desafio para os países de menor peso relativo no quadro de força das relações internacionais. Os que, pela sua dimensão ou por definição, se afastam de posturas militarizadas, colonialistas, possuem maiores dificuldades para estabelecer um efetivo controle civil sobre os militares.

Em suma, há que se considerar os seguintes aspectos: a predisposição da classe política dirigente para exercer o controle civil, o conhecimento técnico suficiente para esse exercício, a forma de condução desse controle e a aceitação militar da autoridade civil.

Entre os cenários prospectivos das relações civil-militares devem ser enfatizadas as modificações no perfil profissional das Forças Armadas, que podem assumir características policiais, reduzindo seu preparo para a atuação da defesa externa. Vale lembrar que no caso das polícias militares houve um processo de autonomização em relação aos governadores. Esse é mais um risco para a supremacia civil sobre os militares caso ocorra uma *policialização* castrense. Para a própria instituição militar há o sério e grave risco da corrupção usual quando existem ligações no combate ao narcotráfico, ainda que o argumento de vestal não deva se constituir em primeiro parâmetro para a definição de quem deva ser encarregado de ações antitráfico ou de outras de natureza predominantemente policiais.

Permanece o risco de interferência militar – mas com baixas possibilidades de intervenção – nos casos em que se entenda que o Estado corre risco de sobrevivência. Os segmentos hegemônicos do sistema político brasileiro confluem na percepção de reforço do estatal em detrimento da sociedade, sucumbem à tentação da espada do Leviatã, menosprezando o soberano rousseauniano.

As elites econômicas não aprovariam, como no passado, uma intervenção direta dos militares no poder, mas há segmentos que podem considerá-los como reserva pronta a atuar em seu benefício. A legitimação obtida por essas concessões também é uma visão pragmática das possibilidades mínimas de ameaças externas.

Ao final do período estudado, o quadro das relações entre civis e militares poderia sugerir uma restrição da autonomia militar, mas não havia uma supremacia civil estabelecida. O arranjo era conjuntural, mas não institucionalizado. Permanecia uma dependência excessiva de elementos conjunturais, como temas sensíveis e de potencial tensão entre civis e militares; do perfil dos comandantes das Forças (pontualmente ainda se pronunciavam como ministros); do emprego das Forças Armadas; das questões salariais; dos projetos militares.

O controle civil exige que a estrutura militar seja pautada pela hierarquia e pela disciplina. Essa é uma dimensão consolidada nas Forças Armadas, um aspecto bastante favorável ao controle civil e já estabelecido. Paradoxalmente, em casos como o espanhol, a rebelião de grupos armados permitiu uma reação enérgica por parte do poder civil, ampliando o controle sobre os militares. A cúpula militar no Brasil evitava, com êxito crescente, qualquer dissidência. A normalidade cobra seu preço: a supremacia civil não se aprofunda, pois não há um sentimento de necessidade premente. O controle das instituições militares é mantido pelo alto comando militar. Trata-se de uma *supremacia hierárquica institucional*.

Não obstante, se efetivamente permaneceram nichos de autonomia militar, quais as implicações dessa situação? O país possui, quiçá, um controle civil mitigado sobre as Forças Armadas, ainda *conjuntural*, mas não suficientemente institucionalizado. No que diz respeito às relações entre civis e militares encontramo-nos mais por conta da *fortuna* do que da *virtù*.

No período não se estabeleceu por completo um processo que combinasse uma forte *vontade política* que levasse ao exercício da autoridade em conjugação a um enraizamento na *mentalidade militar* do dever da obediência, dando origem a um *controle civil institucionalizado*, a englobar a profissionalização militar – a mentalidade do *dever* de acatar as ordens emanadas do poder civil –, e um quadro de responsabilidades do Congresso e de forma mais duradoura do Poder Executivo.

Reformas e criação de mecanismos formais não são suficientes se não forem acompanhadas de uma nova postura para as questões de defesa e militares. A educação para a defesa seria uma ferramenta importante para a preparação dos civis para o exercício do controle sobre as Forças Armadas. Multifacetada por princípio, na qual se inserem os mais variados temas, desde o estudo mais clássico da estratégia, do orçamento para a defesa, da ampliação do papel do Poder Legislativo, até a busca de uma escolarização militar assentada sobre os pressupostos do estado de direito, obviamente não restrita a lições de moralidade, mas que incorpore efetivo exercício dos direitos humanos e da cidadania.

Nesse sentido, um esforço de cooperação entre os países do Cone Sul é boa medida para ampliar experiências, consolidar práticas positivas e fortalecer mecanismos institucionais de variadas ordens. É possível estender aos institutos de formação diplomática, às academias militares, às universidades e centros de pesquisa uma série de estudos e cursos sobre questões de defesa e questões militares, de modo a aprofundar medidas de fortalecimento da confiança e da defesa entre os distintos países.

Ao relacionar-se Sistema Político e Forças Armadas procurou-se evidenciar que possíveis enclaves de autonomia militar não são meramente decorrentes do ordenamento jurídico-legal ou da definição de normas e procedimentos, mas refletem os interesses políticos em jogo. Portanto, a permanência de nichos de autonomia não é apenas reflexo da direção política sobre os militares, mas também de um conjunto de expectativas presentes no sistema político, aí incluídas as próprias Forças Armadas.

No quadro mais amplo do Sistema Político, as relações entre civis e militares tornam-se tão mais democráticas quanto mais valorizada é a própria democracia. Por trás da idéia de construção da democracia assenta-se o pressuposto de um consenso mínimo sobre o seu valor, mas que deve ultrapassar a noção de governabilidade, entendida como eficácia administrativa no controle das tensões e divergências. A ultrapassagem dessa visão administrativa da democracia conduz a outros patamares de radicalização democrática e que colidem com a permanência de nichos de autonomia militar, que afetam o aprofundamento democrático no país, à medida que restringem a ação da vontade política sobre os instrumentos de força do Estado.

REFERÊNCIAS BIBLIOGRÁFICAS

AGÜERO, F. *Las Fuerzas Armadas en una época de transición*: perspectivas para el afianzamiento de la democracia en América Latina. Paper apresentado na reunião do projeto "La cuestión Cívico-Militar en las Nuevas Democracias de América Latina", Buenos Aires, maio de 1997.

_____. *Militares, civiles y democracia*: la España postfranquista en perspectiva comparada. Madrid: Alianza, 1995.

AGUIAR, R. A. R. *Os militares e a Constituinte*. São Paulo: Alfa-Ômega, 1986.

ALVES, M. H. M. *Estado e oposição no Brasil* (1964-1984). Rio de Janeiro: Vozes, 1989.

ARROW, K. *Social choice and individual values*. New Haven: Yale University, 1963.

AVANT, D. Conflicting indicators of "crisis" in american civil-military relations. *Armed Forces and Society*, v.24, n.3, 1998.

AVELINO FILHO, G. Clientelismo e política no Brasil: revisitando velhos problemas. *Novos Estudos Cebrap*, n.38, p.225-40, mar. 1994.

BAAKLINI, A. *O Congresso e o sistema político brasileiro*. Rio de Janeiro: Paz e Terra, 1993.

BAÑON, R., OLMEDA, J. A. *La institución militar en el Estado contemporáneo*. Madrid: Alianza, 1985.

BANTON, M. *Political systems and the distributions of power*. London: Tavistok, 1968.

BARROSO, L. R. *O Direito constitucional e a efetividade de suas normas*. 3. ed. Rio de Janeiro: Renovar, 1993.

BENEVIDES, M. V. de M. *O governo Kubitschek:* desenvolvimento econômico e estabilidade política. 3. ed. São Paulo: Paz e Terra, 1979.

BITENCOURT, L. *O Poder Legislativo e os serviços secretos no Brasil*: 1964-1990. Brasília: Faculdades Integradas da Católica de Brasília, 1992.

BOBBIO, N., MATTEUCCI, N., PASQUINO, G. *Dicionário de Ciência Política*. Brasília: UnB, 1986.

BORON, A. A. *Estado, capitalismo e democracia na América Latina*. São Paulo: Paz e Terra, 1994.

CARRILHO, M. *Forças Armadas e mudança política em Portugal no século XX*: para uma explicação sociológica do papel dos militares. Lisboa: Imprensa Nacional,Casa da Moeda, 1985.

_____. *Democracia e defesa*: sociedade política e Forças Armadas em Portugal. Lisboa: Dom Quixote, 1994.

CHAUÍ, M. Raízes teológicas do populismo no Brasil: teocracia dos dominantes, messianismo dos dominados. In: DAGNINO, E. (Org.) *Anos 90:* política e sociedade no Brasil. São Paulo: Brasiliense, 1994.

CERRONI, U. *Política*: métodos, teorias, processos, sujeitos, instituições, categorias. São Paulo: Brasiliense, 1993.

CHOMSKY, N. *Novas e velhas ordens mundiais*. São Paulo: Scritta, 1996.

CLAUSEWITZ, Carl von. *Da Guerra*. São Paulo: Martins Fontes, 1979.

COELHO, E. C. *Em busca de identidade:* o Exército e a política na sociedade brasileira. Rio de Janeiro: Forense Universitária, 1976.

_____. A Constituinte e o papel das Forças Armadas. *Política e Estratégia*. v.3, n.3, jul. set. 1985.

COMPARATO, F. K. *Muda Brasil:* uma constituição para o desenvolvimento democrático. 2. ed. São Paulo: Brasiliense, 1986.

COSTA, T. Os anos noventa: o ocaso do político e a sacralização do mercado. In: MOTA, C. G. (Org.) *Viagem incompleta*: a experiência brasileira (1500-2000). A grande transação. São Paulo: Senac, 2000.

COSTA, V. M. F. As Forças Armadas e a nova ordem constitucional: limites e possibilidades da integração institucional dos militares ao regime democrático. *Cadernos Cedec*, n.16, 1991.

COUTO E SILVA, G. do. *Conjuntura política nacional*: o Poder Executivo e a geopolítica do Brasil. Rio de Janeiro: J. Olympio, 1981.

DAHL, R. *Análise política moderna*. Brasília: UnB, 1981.

_____. *Poliarquia:* participação e oposição. São Paulo: Edusp, 1997.

D'ARAÚJO, M. C., CASTRO, C. (Orgs.) *Ernesto Geisel*. Rio de Janeiro: Fundação Getúlio Vargas, 1997.

DEERING, C. (Ed.) *Congressional politcs*. Pacific Grove: Cole Publishing Company, 1989.

DEL PORTO, F. B. O movimento pela anistia. *Cadernos de Pesquisa do Núcleo de Estudos Estratégicos,* Universidade de Campinas, n.1, maio 1999.

DESCH, M. Threat enviroments and military missions. In: DIAMOND, L., PLATTNER, M. *Civil-relations and democracy*. Baltimore, Maryland: John Hopkins, 1996.

_____. Soldiers, State and structures: the end of the cold war and weakening U.S. civilian control. *Armed Forces and Society,* v.24, n.3, 1998.

DIAMOND, Larry, PLATTNER, Marc. (Ed.) *Civil-military relations and democracy*. Baltimore: The Johns Hopkins University, 1996.

DINIZ, E. A transição política no Brasil: uma reavaliação da dinâmica da abertura. *Revista de Ciências Sociais*, Rio de Janeiro, v.28, n.3, 1985.

_____. Empresariado, regime autoritário e modernização capitalista. In: SOARES, G. A. D., D'ARAÚJO, M. C. *21 anos de regime militar*: balanços e perspectivas. Rio de Janeiro: Fundação Getúlio Vargas, 1994.

_____. *Crise, reforma do Estado e governabilidade*. Rio de Janeiro: Fundação Getúlio Vargas, 1997.

DINIZ, E., BOSCHI, R., LESSA, R. *Modernização e consolidação democrática no Brasil*: dilemas da Nova República. Rio de Janeiro: Vértice, 1989.

DREIFUSS, R. *O jogo da direita*. 3. ed. Petrópolis: Vozes, 1989.

EASTON, D. *A system analysis of political life*. New York: John Wiley & Sons, 1965.

_____. *The political system*: an inquiry into the state of political science. New York: Alfred Knof, 1967.

_____, Uma tentativa de análise dos sistemas políticos. In: AMORIN, M. S. *Sociologia Política II*. Rio de Janeiro: Zahar, 1971.

FERRAZ, A. C. da C. *Conflito entre poderes*: o Poder Congressual de sustar atos normativos do Poder Executivo. São Paulo: Revista dos Tribunais, 1994.

FERREIRA, O. S. As Forças Armadas na Constituição. *Política e estratégia*, v.3, n.3, jul. set. 1985.

_____. *Forças Armadas*: para quê? São Paulo: GRD, 1988.

FIGUEIREDO, A. C., LIMONGI, F. O Congresso e as medidas provisórias: abdicação ou delegação? *Novos Estudos Cebrap*, n.47, mar. 1997.

_____. *Executivo e Legislativo na nova ordem constitucional*. Rio de Janeiro: Fundação Getúlio Vargas, 1999.

FINER, S. *The man on Horseback*: the role of the military in Politics. 2. ed. Boulder: Westview Press, 1988.

FITCH, J. S. *The Armed Forces and democracy in Latin America*. Baltimore: the Johns Hopkins University, 1998.

FLEISCHER, David. Manipulações casuísticas do sistema eleitoral durante o período militar, ou como usualmente o feitiço se voltava contra o feiticeiro. In: SOARES, G. A. D., D'ARAÚJO, M. C.. *21 anos de regime militar*. Rio de Janeiro: Fundação Getúlio Vargas, 1994.

FLORES, M. C. *Bases para uma política militar*. Campinas: Unicamp, 1992.

FONSECA, Annibal Freire da. *O Poder Executivo na República brasileira*. Brasília: UnB, 1981.

FREI BETO. *O que é Comunidade Eclesial de Base*. 3. ed. São Paulo: Brasiliense, 1981.

FUCCILLE, L. A. As Forças Armadas e a temática interna no Brasil contemporâneo. São Carlos, 1999. Dissertação de Mestrado, Faculdade de Ciências Sociais, Universidade Federal de São Carlos.

FURTADO, C. *O capitalismo global.* 3. ed. São Paulo: Paz e Terra, 1998.

GARCIA, P. *El drama de la autonomía militar*: Argentina bajo las juntas militares. Madrid: Alianza, 1995.

GARRETÓN, M. A. *Hacia una nueva era politica*: estudio sobre las democratizaciones. México: Fundo de Cultura Económica, 1995.

GEDDES, B. *Politians Dilemma*: building state capacitiy in Latin America. Berkeley: University of California, 1994.

GÉNÉREUX, J. *O horror político:* o horror não é econômico. Rio de Janeiro: Bertrand Brasil, 1998.

GÓES, W de. Militares e Política, uma estratégia para a democracia. In: REIS, F. W, O'DONNELL, G. *Democracia no Brasil.* Dilemas e Perspectivas. São Paulo: Brasiliense, 1985.

_____. Perspectivas da consolidação democrática: o caso brasileiro. *Revista Brasileira de Ciências Sociais*, v. 2, n. 5, Rio de Janeiro, jun. 1987.

GUERRIEN, B. *La theorie des jeux.* Paris: Economia, 1993.

HARRIES-JENKINS, G. ; MOSKOS, C. *Las Fuerzas armadas y la sociedad.* Madrid: Alianza, 1984.

HUNTER, W. *State and the Soldier in Latin America*: redefining the militay's role in Argentina, Brazil, and Chile. *Peaceworks*, n.10, out. 1996.

_____. *Assessing civil-military relations in post-authoritan Brazil.* Paper preparado para aprsentação no XX International Congress da American Studies Association, Guadalajara, Mexico, Abril, 1997a.

_____. *Eroding Military influence in Brazil:* politicians against soldiers. North Carolina: The University of North Carolina. 1997b.

HUNTINGTON, S. *A ordem política nas sociedades em mudança.* São Paulo: Edusp, 1975.

_____. *A Terceira Onda:* a democratização no final do século XX. São Paulo: Ática, 1994.

_____. *El soldado y el Estado*: teoria y politica de las relaciones cívico-militares. Buenos Aires: Grupo Editor Latinoamericano, 1995.

_____. Reforming civil-military relations. In: DIAMOND, L., PLATTNER, M. *Civil-Relations and Democracy.* Baltimore, Maryland: John Hopkins, 1996.

IANNI, O. *O colapso do populismo no Brasil.* Rio de Janeiro: Civilização Brasileira, 1968.

IGLESIAS, C. B. Militares y democracia en la America latina de los noventa. Paper apresentado na reunião do projeto "La Cuestión Cívico-militar en las Nuevas Democracias de America Latina", Buenos Aires, maio de 1997.

JANOWITZ, M. *O soldado profissional*: um estudo social e político. Rio de Janeiro: GRD, 1967.

JOHANSEN, R. C. Military policies and the State System as Impediments to Democracy. *Political Studies*, v.15, special issue, p. 99-115, 1992.

KECK, M. O "novo sindicalismo" na transição brasileira. In: STEPAN, A. *Democratizando o Brasil*. Rio de Janeiro: Paz e Terra, 1988.

KELSEN, H. *Teoria geral do Estado*. Coimbra: Armênio Machado, 1951.

_____. *Teoria pura do Direito*. São Paulo: Martins Fontes, 1991.

KRIPPENDORF, Klaus. *Content Analysis An Introduction to Its Methodology*. London: Sage Publications, 1986.

LÁZARA, S. *Poder militar*: origem, apogeo y transición. Buenos Aires: Legassa, 1988.

LAMOUNIER, B. O "Brasil autoritário" revisitado: o impacto das eleições sobre a abertura. In: STEPAN, A. (Org). *Democratizando o Brasil*. Rio de Janeiro: Paz e Terra, 1988.

_____. (Org.) *De Geisel a Collor:* o balanço da transição. São Paulo: Sumaré, 1990.

LIMA JÚNIOR, O. B. *Instituições Políticas Democráticas*: o segredo da legitimidade. Rio de Janeiro: Jorge Zahar, 1997.

LINZ, J. J., STEPAN, A. *Problems of democratic transition and consolidation:* southern Europe, South America, and postcommnunist Europe. Baltimore: The Johns Hopkins University, 1996.

LÓPEZ, E. *Democracia y cuestion militar*. Buenos Aires: Universidad Nacional de Quilmes, 1996.

_____. La construicción del control civil: quatro casos sudamericanos. Apresentado no IV Encontro Nacional de Estudos Estratégicos, Campinas, maio de 1998.

MARSON, A. *A ideologia nacionalista em Alberto Torres*. São Paulo: Duas Cidades, 1979.

MARTINS, L. A "liberalização" do regime autoritário no Brasil. In: O'DONNELL, G., SCHMITTER, P., WHITEHEAD, L. *Transições do Regime Autoritário:* América Latina. São Paulo: Vértice, 1988.

_____. Novas dimensões da "segurança internacional". In: DUPAS, G., VIGEVANI, T. (Orgs.) *O Brasil e as novas dimensões da segurança internacional.* São Paulo: Alfa-Ômega, 1999.

MATHIAS, S. K. *Distensão no Brasil:* o projeto militar (1973-1979). Campinas: Papirus, 1995.

_____. Os militares na constituição: a construção da autonomia. *Política e Estratégia,* v.9, 1991.

MCMAHON, C. *Authority and democracy:* a general theory of government and management. Princeton: Princeton University, 1994.

MELLO, L. I. A. Golbery revisitado: da abertura controlada à democracia tutelada. In: MOISÉS, J. A., ALBUQUERQUE, J. G. *Dilemas da consolidação da democracia.* Rio de Janeiro: Paz e Terra, 1989.

MOISÉS, J. A. Dilemas da consolidação democrática no Brasil. In: MOISÉS, J. A., ALBUQUERQUE, J. A. G. (Orgs.) *Dilemas da consolidação da democracia.* São Paulo: Paz e Terra, 1989.

MOISÉS, J. A., ALBUQUERQUE, J. A. G. (Orgs.) *Dilemas da consolidação da democracia.* São Paulo: Paz e Terra, 1989.

MORAES, J. Q. de. *Les militaires et les régimes politiques au Erésil de Deodoro à Figueiredo* (1889-1979). Paris, 1982. Tese de doutorado em Ciência Política. Institut d'Etudes Politiques, 1982.

_____. Alfred Stepan e o mito do poder moderador. *Revista Filosofia e Política,* v. 2, n. 2, Porto Alegre, 1985.

MORROW, J. *Game theory for political scientists.* Princeton: New Jersey, 1986.

MOSKOS, C. A nova organização militar: institucional, ocupacional ou plural. In: HARRIES-JENKINS, G., MOSKOS, C. *Las Fuerzas armadas y la sociedad.* Madrid: Alianza, 1984.

NORDEN, D. Redefining political-military relations in Latin America: issues of the new democratic era. *Armed Forces and Society,* v.22, n.3, 1996.

NUN, J. The middle class military coup. In: VELIZ, C. *The politcs of conformity in Latin America*. Oxford: Oxford University, 1967.

NUNN, F. M. Can something change and remain the same? Post-Cold War officer corps thought and self-perception in Argentina, Brazil, Chile, and Peru. Paper apresentado no XXII Congresso da Latin American Studies Association, Miami, março de 2000.

NUNES, E. *A gramática política do Brasil*: clientelismo e insulamento burocrático. Rio de Janeiro: Jorge Zahar, 1997.

O'DONNELL, G. Transições, continuidades e alguns paradoxos e Hiatos, instituições e perspectivas democráticas. In: REIS, F. W., O'DONNELL, G. *Democracia no Brasil.* Dilemas e Perspectivas. São Paulo: Vértice, 1988.

_____. Democracia delegativa? *Novos Estudos Cebrap*, n.31, out. 1991.

O'DONNELL, G., SCHMITTER, P. *Transições do regime autoritário:* primeiras conclusões. São Paulo: Vértice, 1988. p.41-42.

O'DONNELL, G., SCHMITTER, P., WHITEHEAD, L.. *Transições do Regime Autoritário.* Vértice: São Paulo, 1986.

OLIVEIRA, E. R. de. *Forças Armadas*: política e ideologia no Brasil (1964-1969). Petrópolis: Vozes, 1976.

_____. O aparelho militar: papel tutelar na Nova República. In: MORAES, J. Q. de, COSTA, W. P., OLIVEIRA, E. R. de. *A tutela militar.* São Paulo: Vértice, 1987.

_____. *De Geisel a Collor:* Forças Armadas, transição e democracia. Campinas: Papirus, 1994.

_____. Política de Defesa Nacional e relações civil-militares no governo do presidente Fernando Henrique Cardoso, *Premissas*, caderno 17-18, maio 1998.

OLIVEIRA, E. R., SOARES, S. A. Forças Armadas, direção política e formato institucional. In: D'ARAÚJO, M. C., CASTRO, C. *Democracia e Forças Armadas no Cone Sul.* Rio de Janeiro: Fundação Getúlio Vargas, 2000.

OLIVEIRA, F., PAOLI, M. C.. *Os sentidos da democracia:* políticas do dissenso e hegemonia global. Petrópolis: Vozes, 1999.

PAIVA, M. V. Assessoramento do Poder Legislativo, experiência pessoal e profissional, avaliação da situação brasileira. In: ABREU, A.

A., DIAS, J. L.. *O futuro do Congresso brasileiro*. Rio de Janeiro: Fundação Getúlio Vargas, 1995.

PEIXOTO, A. C. Exército e política no Brasil: uma crítica dos modelos de interpretação. In: ROUQUIÉ, A. *Partidos militares no Brasil*. Rio de Janeiro: Record, 1991.

PETRINI, J. C. *CEBs:* um novo sujeito popular. Rio de Janeiro: Paz e Terra, 1984.

PION-BERLIN, D. Autonomia militar y democracias emergentes en America del Sur. In: LÓPEZ, E., PION-BERLIN, D. *Democracia y cuestión militar*. Buenos Aires: Universidad Nacional de Quilmes, 1995

POLETTI, R. *Controle da constitucionalidade das leis*. Rio de Janeiro: Forense, 1995.

PFALTZGRAFF, R., RA'ANAN, U. *National security policy*: the decision-making process. Handem: Archon Book, 1984.

PRZEWORSKI, A. Como e onde se bloqueiam as transições para a democracia? In: MOISÉS, J. A., ALBUQUERQUE, J. A. G. (Orgs.). *Dilemas da Consolidação da Democracia*. Rio de Janeiro: Paz e Terra, 1989.

_____. A escolha de instituições na transição para a democracia: uma abordagem da teoria dos jogos. *Revista de Ciências Sociais*, Rio de Janeiro, v.35, n.1,1992.

PRZEWORSKI, A., LIMONGI, F. Democracia e desenvolvimento na América do Sul. *Revista Brasileira de Ciências Sociais*, n. 24, p. 31-48, fev. 1994.

ROUQUIÉ, A. *O Estado militar na América Latina*. São Paulo: Alfa-Ômega: 1984.

_____. La desmilitarización de los sistemas políticos dominados por militares en América Latina. In: O'DONNELL, G., SCHITTER, P., WHITEHEAD, L. *Transiciones desde um gobierno autoritario:* perspectivas comparadas. Buenos Aires: Paidós, 1988.

_____. *Os partidos militares no Brasil*. Rio de Janeiro: Record, 1992.

SANTISO, J. La démocratie incertaine: la theorie des choix rationnels et la democratisation en Amérique latine. *Revue Française de Science Politique*, v.43, n.6, dez. 1993, p.970-93.

SANTOS, B. de S. *Pela mão de Alice:* o social e o político na pós-modernidade. São Paulo: Cortez, 1995.

SANTOS, W. G. dos. *Crise e castigo:* partidos e generais na política brasileira. Rio de Janeiro: Vértice, 1987.

_____. *Razões da desordem.* 3. ed. Rio de Janeiro: Rocco, 1994.

SARTORI, G. *A teoria da democracia revisitada.* São Paulo: Ática, 1994.

_____. *A política.* 2. ed. Brasília: UnB, 1997.

SCHAIN, Y., LINZ, J. J. *Between States:* interim governments and democratic transitions. New York: Cambridge University, 1995.

SCHIFF, R. Civil-military relations reconsidered: a theory of concordance. *Armed Forces and Society,* v.22, n.1, 1995.

SCHIMTT, C. *O conceito de político.* Petrópolis: Vozes, 1993.

SCHULTZ, J. *O Exército na política.* São Paulo: Edusp, 1994.

SCHWEISGUTH, E. L'institution militaire et son système de valeurs. *Revue Française de Sociologie,* v. 19, n. 3, 1978.

SCWARTZMAN, S. *Bases do autoritarismo brasileiro.* Rio de Janeiro: Campus, 1988.

SHARE, D., MAINWARING, S. Transição pela transação: democratização no Brasil e na Espanha. *Revista de Ciências Sociais,* Rio de Janeiro, v.29, n.2, 1986.

SINGER, P., BRANDT, V. C. *São Paulo:* o povo em movimento. Petrópolis: Vozes, 1980.

SKIDMORE, T. *Brasil:* De Getúlio a Castelo. 9. ed. Rio de Janeiro: Paz e Terra, 1982.

SOARES, G. A. D., D'ARAÚJO, M. C. (Orgs.) *21 anos de regime militar:* balanços e perspectivas. Rio de Janeiro: Fundação Getúlio Vargas, 1994.

SOARES, G. A. D., D'ARAÚJO, M. C., CASTRO, C. (Orgs.) *A volta aos quartéis:* a memória militar sobre a abertura. Rio de Janeiro: Relume-Dumará, 1995.

SOARES, S. A. *Militares e Pensamento Político:* análise de monografias da Escola de Comando e Estado-Maior. São Paulo, 1994. Dissertação (mestrado) em Ciência Política – Faculdade de Filosofia, Letras e Ciências Humanas, Universidade de São Paulo.

_____. Marcha moderada: as estratégias de uma abertura por contenção. *Premissas,* Campinas, caderno 17-18, 1998.

_____ As antinomias das relações civis-militares no Brasil: das novas às velhas ameaças. In: SOARES, Samuel Alves, MATHIAS, Suzeley Kalil. *Novas Ameaças*: dimensões e perspectivas. Desafios para a cooperação em defesa entre Brasil e Argentina. São Paulo: Sicurezza, 2003.

SODRÉ, N. W. *A história militar do Brasil*. Rio de Janeiro: Civilização Brasileira, 1965.

SOUZA, M. do C. C. de. A democracia populista, 1945 - 1964: bases e limites. In: ROUQUIÉ, A., LAMOUNIER, B., SCHVARZER, J. *Como renascem as democracias*. São Paulo: Brasiliense, 1985.

_____. A Nova república brasileira: sob a espada de Dâmocles. In: STEPAN, A. *Democratizando o Brasil*. Rio de Janeiro: Paz e Terra, 1988.

_____. *Estado e partidos políticos no Brasil*: 1930 – 1964. 3. ed. São Paulo: Alfa-Ômega, 1990.

STEPAN, A. *Os militares na política*. Rio de Janeiro: Artenova, 1975.

_____. *Os militares:* da abertura à Nova República. 4. ed. Rio de Janeiro: Paz e Terra, 1986.

_____. As prerrogativas militares nos regimes pós-autoritários: Brasil, Argentina, Uruguai e Espanha. In: STEPAN, A. *Democratizando o Brasil*. Rio de Janeiro: Paz e Terra, 1988a.

_____. Caminos hacia la democracitización: consideraciones y análisis comparativos. In: O'DONNELL, G., SCHMITTER, P., WHITEHEAD, L. *Transiciones desde um gobierno autoritario:* perspectivas comparadas. Buenos Aires: Paidós, 1988b.

TAVARES, J. A. G. *A estrutura do autoritarismo brasileiro*. Porto Alegre: Mercado Aberto, 1982.

TÁVORA, J. *Uma vida e muitas lutas*. Da planície à borda do altiplano. Rio de Janeiro: J. Olympio, 1973.

TORRES, A. *O problema nacional brasileiro*. 3. ed. São Paulo: Ed. Nacional, 1978.

TOURAINE, A. *O que é a democracia?* 2. ed. Petrópolis: Vozes, 1996.

VARIAN, H. *Microeconomia:* princípios básicos. Rio de Janeiro: Campus, 1994.

VIANNA, O. *Populações meridionais do Brasil*: história, organização, psicologia. Belo Horizonte: Itatiaia, 1987.

ZALUAR, A. Violência, crime organizado e poder: a tragédia brasileira e seus desafios. In: VELLOSO, J. P. dos R. (Coord.) *Governabilidade, sistema político e violência urbana*. Rio de Janeiro: J. Olympio, 1994.

ZAVERUCHA, J. *Rumor de Sabres*. Controle civil ou tutela militar. São Paulo: Ática, 1994.

ZIRKER, D., HENBERG, M. Amazônia: Democracy, Ecology, and Brazilian Military Prerrogatives in the 1990s. *Armed Forces and Society*, v.20, n.2, 1994.

Artigos de jornais e revistas

A DEFESA nas mãos de civis. Rio de Janeiro, *Jornal do Brasil*, 3 jan. 1999.

ADESÃO de peso. São Paulo, *Veja*, 30 abr. 1992, p.30.

AFAGO com cargo. São Paulo, *Isto É*, 24 mar. 1993, p.22-3.

ALMIRANTE vê com restrição Ministério da Defesa. São Paulo, *O Estado de S. Paulo*, 3 jan. 1999.

APROVADA a lei sobre Forças Armadas. São Paulo, *O Estado de S. Paulo*, 17 abr. 1991.

ARAPONGAS não vestem pijama. São Paulo, *Veja*, 14 out. 1990, p.43.

AS FARDAS milionárias de Tinoco. São Paulo, *Veja*, 30 set. 1991, p.18-23.

BAIONETA no altar. São Paulo, *Veja*, 10 jul. 1991, p.16-22.

BOLETIM reafirma princípio da disciplina. São Paulo, *O Estado de S. Paulo*, 11 set. 1996.

CARIOCAS querem ação do Exército também em 1995. São Paulo, *Folha de S. Paulo*, 27 nov. 1994, p. 1-7.

CERQUEIRA faz alerta. Rio de Janeiro, *Jornal do Brasil*, 5 abr. 1993.

COMISSÃO aprova emenda que diferencia militares. São Paulo, *O Estado de S. Paulo*, 11 nov. 1997.

COMPANHEIROS de pijama. São Paulo, *Veja*, 5 dez. 1990, p.37.

DE FARDA e pijama. São Paulo, *Veja*, 16 maio 1990, p.26-7.

DECISÃO põe Clube Militar em "luto permanente". São Paulo, *O Estado de S. Paulo*, 11 set. 1996.

DEFESA combaterá o narcotráfico: novo Ministério põe militares ao lado da PF. Rio de Janeiro, *Jornal do Brasil*, 11 jun. 1999.

DEPUTADO rejeita estado de defesa. São Paulo, *Folha de S.Paulo*, 26 nov. 1994, p.1-8.

DESAPARECIDOS sem pensão. São Paulo, *Veja*, 30 jun. 1993, p.35.

DIMENSTEIN, G. É apenas uma idéia maluca? São Paulo, *Folha de S.Paulo*, 29 abr. 1993, p.2.

EXÉRCITO já tem dinheiro para a ocupação da fronteira norte. São Paulo, *Folha de S.Paulo*, 4 nov. 1986.

EXÉRCITO quer ampliar "Calha Norte". São Paulo, *O Estado de S. Paulo*, 22 ago. 1991.

EXÉRCITO faz policiamento no Rio e prende 30. São Paulo, *O Estado de S. Paulo*, 16 fev. 1992.

EXÉRCITO dá proteção a governador de Rondônia. São Paulo, *Folha de S.Paulo*, 18 fev. 1993a, p.11.

EXÉRCITO descarta risco de fujimorização. São Paulo, *Diário Popular*, 23 maio 1993b, p.6.

EXÉRCITO realiza operação com 500 soldados em favelas da zona norte. São Paulo, *Folha de S.Paulo*, 28 maio 1994a.

EXÉRCITO vai comandar polícia do Rio. São Paulo, *Folha de S.Paulo*, 1 nov. 1994b.

EXÉRCITO já combate droga. Rio de Janeiro, *Jornal do Brasil*, 26 nov. 1999.

FH faz carta para explicar novo salário. São Paulo, *O Estado de S. Paulo*, 2 set. 1995.

FORÇAS Armadas também reclamam de salários. São Paulo, *O Estado de S.Paulo*, 29 jun. 1997.

FORÇAS Armadas vão combater narcotráfico. Rio de Janeiro, *Jornal do Brasil*, 10 nov. 1999.

FREITAS, J. A voz militar. São Paulo, *Folha de S.Paulo*, 11 maio 1993.

GENERAL se queixa de críticas contra militares. São Paulo, *O Estado de S. Paulo*, 21 abr. 1991.

GOVERNO indeniza famílias mas oculta destino dos desaparecidos. Rio de Janeiro, *O Globo*, 28 abr. 1993.

HORA da verdade. São Paulo, *Veja*, 20 nov. 1991, p.35.

ITAMAR reage às críticas e convoca militares. São Paulo, *O Estado de S. Paulo*, 19 nov. 1992a, p.4.

ITAMAR recomenda silêncio aos militares. São Paulo, *O Estado de S. Paulo*, 20 nov. 1992b, p.4.

ITAMAR ignorou alerta sobre militares. São Paulo, *O Estado de S. Paulo*, 30 maio 1993.

ITAMAR determina intervenção na PF. São Paulo, *Folha de S.Paulo*, 12 maio 1994, p.1-6.

LETTRES de cachet. São Paulo, *Folha de S. Paulo*, 14 dez. 1994, p.1-2.

MACHUCOU, sim. São Paulo, *Veja*, 27 maio 1998.

MAIS UM SINAL de alerta. São Paulo, *O Estado de S. Paulo*, 2 abr. 1993, p.3.

MARINHA admite mortes na ditadura. Brasília, *Correio Braziliense*, 20 mar. 1993.

MILITARES já reduzem o orçamento. Brasília, *Correio Braziliense*, 29 maio 1988.

MILITARES intervêm em projeto. São Paulo, *Folha de S.Paulo*, 27 abr. 1993a.

MILITARES levarão a Itamar preocupações com as fronteiras. Rio de Janeiro, *Jornal do Brasil*, 16 maio 1993b.

MILITARES não querem subir morros. São Paulo, *Folha de S.Paulo*, 22 out. 1994.

MINISTÉRIOS militares suspenderão projetos. São Paulo, *O Estado de S. Paulo*, 20 fev. 1998.

MODERNIZAÇÃO do Exército até 90 custa Cr$ 1 trilhão. Rio de Janeiro, *Jornal do Brasil*, 15 dez. 1985.

MONTEIRO, S. da C. A tríade fundamental. São Paulo, *O Estado de S. Paulo*, 30 abr. 1992, p.2.

NATALI, J. B. "Calha Norte" é o último projeto de ocupação amazônica. São Paulo, *Folha de S.Paulo*, 23 nov. 1986.

NEVES, R. M. Fora da realidade. São Paulo, *O Estado de S. Paulo*, 25 abr. 1992, p.2.

O BARULHO dos soldos. São Paulo, *Isto É*, 22 abr. 1992, p.26-9.

O EXÉRCITO brasileiro e o futuro. Brasília, *Correio Braziliense*, 30 ago. 1987.

O EX-SNI acerta Ferraz. São Paulo, *Veja*, 22 ago. 1990, p.28-9.

O SINDICATO fardado. São Paulo, *Veja*, 5 abr. 1989.

ORDEM e contra-ordem. São Paulo, *Folha de S.Paulo*, 15 ago. 1994.
POLICIAIS retornam aos quartéis. São Paulo, *O Estado de S. Paulo*, 19 fev. 1993.
PRESIDENCIÁVEIS buscam apoio de militares. São Paulo, *O Estado de S. Paulo*, 3 maio 1993, p.4.
PROBLEMAS com o sistema. São Paulo, *Veja*, 28 mar. 1990, p.63.
RECUSA de Maciel dificulta escolha para pasta de defesa. São Paulo, *O Estado de S. Paulo*, 10 dez. 1998.
RESENDE, P. P. Para os militares, tudo. São Paulo, *Isto é Senhor*, 5 jul. 1989.
RUMO do Ministério da Defesa divide militares. São Paulo, *O Estado de S. Paulo*, 28 ago. 1997.
SARNEY e Sayad ajudam a raspar o cofre. Rio de Janeiro, *Jornal do Brasil*, 15 dez. 1985.
SECRETÁRIO dos EUA é contra militar em favela. São Paulo, *Folha de S.Paulo*, 19 nov. 1994.
SNI continua na ativa. São Paulo, *Veja*, 4 abr. 1990, p.37.
TRIUNFOS do narcotráfico. São Paulo, *Folha de S.Paulo*, 3 fev. 2000.
TROPA de elite. São Paulo, *Veja*, 10 ago. 1991, p.28.
TROPA ocupa assentamento. São Paulo, *Folha de S.Paulo*, 30 jun. 1999, p.4.
UM PROJETO para 6.500 quilômetros. São Paulo, *O Estado de S. Paulo*, 29 jan. 1987.

Documentos

INSTITUTO BRASILEIRO DE GEOGRAFIA E ESTATÍSTICA. *Anuário Estatístico do Instituto Brasileiro de Geografia e Estatística.* Brasília, 1983-1994, v.47-58.
BRASIL. *Constituição da República Federativa do Brasil*, 1967.
BRASIL. Emenda Constitucional nº 1, 1969, arts. 87 e 89.
BRASIL. Assembléia Nacional Constituinte. Comissão de Sistematização. *Projeto de Constituição*. Brasília: Centro Gráfico do Senado Federal, 1987a.
BRASIL. Ministério do Exército. Estado-Maior das Forças Armadas. *Sugestões das Forças Armadas sobre a Constituinte*. Brasília, 1987b.

BRASIL. Assembléia Nacional Constituinte. *Projeto de Constituição*: emendas oferecidas em plenário. Brasília: Centro Gráfico do Senado Federal, 1988a.

BRASIL. Assembléia Nacional Constituinte. Comissão de Sistematização. *Projeto de Constituição*: segundo turno. Brasília: Centro Gráfico do Senado Federal, 1988b.

BRASIL. Ministério do Exército. *Concepção Estratégica do Exército 4 (extrato)*. Brasília, 1997a.

BRASIL. Ministério do Exército. *Diretriz Estratégica de Instrução Militar*. Brasília, 16 set. 1997b.

BRASIL. Presidência da República. Decreto nº 3.080, 11 jun. 1999.

MINISTÉRIO DO EXÉRCITO. Destinação constitucional das Forças Armadas Brasileiras, Brasília, 1987.

MINISTÉRIO DO EXÉRCITO. Orientações para tratamento de temas sensíveis. Ministério do Exército, Brasília, 1997.

Política de Defesa Nacional, Brasília, 1996.

ORGANIZAÇÃO DOS ESTADOS AMERICANOS. Sistema de Información de la Cumbre de las Américas, Primeira Cumbre de las Américas, Miami, Flórida, 9 al 11 de deciembro de 1994.

_____. Sistema de Información de la Cumbre de las Américas, Defense Ministerial of the Americas, Williamsburg, Virginia, July. 24-26, 1996.

_____. Sistema de Información de la Cumbre de las Américas, Segunda Cumbre de las Américas, Santiago do Chile, Chile 18-19 de April de 1998.

SOBRE O LIVRO

Formato: 14 x 21 cm
Mancha: 23,7 x 42,5 paicas
Tipologia: Horley Old Style 10,5/14
Papel: Offset 75 g/m^2 (miolo)
Cartão Supremo 250 g/m^2 (capa)
1ª edição: 2006

EQUIPE DE REALIZAÇÃO

Coordenação Geral
Marcos Keith

Impressão e acabamento